*Leitfaden des Baubetriebs
und der Bauwirtschaft*

Willi Alda, Joachim Hirschner

Projektentwicklung in der Immobilienwirtschaft

Leitfaden des Baubetriebs und der Bauwirtschaft

Herausgegeben von:

Univ.-Prof. Dr.-Ing. Fritz Berner
Univ.-Prof. Dr.-Ing. Bernd Kochendörfer

Der Leitfaden des Baubetriebs und der Bauwirtschaft will die in Praxis, Lehre und Forschung als Querschnittsfunktionen angelegten Felder – von der Verfahrenstechnik über die Kalkulation bis hin zum Vertrags- und Projektmanagement – in einheitlich konzipierten und inhaltlich zusammenhängenden Darstellungen erschließen.

Die Reihe möchte alle an der Planung, dem Bau und dem Betrieb von baulichen Anlagen Beteiligten, vom Studierenden über den Planer bis hin zum Bauleiter ansprechen. Auch der konstruierende Ingenieur, der schon im Entwurf über das anzuwendende Bauverfahren und damit auch über die Wirtschaftlichkeit und die Risiken bestimmt, soll in dieser Buchreihe praxisorientierte und methodisch abgesicherte Arbeitshilfen finden.

Willi Alda, Joachim Hirschner

Projektentwicklung in der Immobilien- wirtschaft

Grundlagen für die Praxis

Teubner

B. G. Teubner Stuttgart · Leipzig · Wiesbaden

Bibliografische Information der Deutschen Bibliothek
Die Deutsche Bibliothek verzeichnet diese Publikation in der Deutschen Nationalbibliographie; detaillierte bibliografische Daten sind im Internet über <http://dnb.ddb.de> abrufbar.

Prof. Dr.-Ing. Willi Alda ist Lehrbeauftragter am Institut für Baubetriebslehre und Kurator der Stiftung Immobilie an der Universität Stuttgart, Fellow of Royal Institution of Chartered Surveyors (FRICS), Beiratsvorsitzender der Deutschen Immobilien Datenbank (DID), Trustee of the Urban Land Institute (ULI Europe), Mitglied des Vorstands der "Bündelungsinitiative" der deutschen Immobilienwirtschaft sowie Mitglied in verschiedenen Firmenbeiräten und Stiftungskuratorien.

Email: info@willi-alda.de
Internet: www.willi-alda.de

Dipl.-Ing. Joachim Hirschner arbeitet als wissenschaftlicher Mitarbeiter am Institut für Baubetriebslehre der Universität Stuttgart. Er koordiniert und organisiert dort unter anderem den Studiengang Immobilientechnik und Immobilienwirtschaft und ist Vorsitzender im Vorstand der Stiftung Immobilie der Universität Stuttgart.

Email: info@hirschner.org
Internet: www.hirschner.org
           www.ibl.uni-stuttgart.de

1. Auflage April 2005

Umschlaggestaltung: Ulrike Weigel, www.CorporateDesignGroup.de
Druck und buchbinderische Verarbeitung: Strauss Offsetdruck, Mörlenbach
Gedruckt auf säurefreiem und chlorfrei gebleichtem Papier.
Printed in Germany

ISBN 3-519-00527-1

Vorwort der Herausgeber

Um Projektentwicklung erfolgreich zu betreiben, müssen die hierfür verantwortlichen Personen neben einem umfangreichen theoretischen Wissen auf vorhandene Erkenntnisse aus der Praxis zurückgreifen können. Dieses Wissen wird den Studierenden im grundständigem Studiengang „Immobilientechnik und Immobilienwirtschaft" an der Universität Stuttgart vermittelt.

Im Rahmen des Themenblocks „Immobilienplanung und Entwicklung" hält Herr Professor Dr. Alda eine Vorlesung mit dem Thema: Projektentwicklung in der Immobilienwirtschaft. Diese Vorlesung hat den Grundstein für das vorliegende Werk gelegt. Den Studierenden der Immobilientechnik und -wirtschaft als auch Studierenden des Bauingenieurwesens, der Architektur und vieler fachfremder Zuhörer wird hiermit neben dem theoretischen ein praktisches Wissen zur Immobilienprojektentwicklung anschaulich dargelegt.

Dieses Lehrbuch soll den Studierenden nicht nur in der Vorlesung begleiten, sondern auch im späteren Berufsleben als hilfreiches Nachschlagewerk dienen.

Dem Lehrbuch ist nicht nur an der Universität Stuttgart eine gebührende Verbreitung zu wünschen.

Stuttgart / Berlin, Februar 2005   Prof. Dr.-Ing. Fritz Berner
                                          Prof. Dr.-Ing. Bernd Kochendörfer

Vorwort der Verfasser

Durch die Einrichtung des Studienganges Immobilientechnik und Immobilienwirtschaft an der Universität Stuttgart wurde erstmalig ein grundständiger Studiengang an einer öffentlich finanzierten Universität eingerichtet, der das Berufsbild des Diplomwirtschaftsingenieurs Fachrichtung Immobilie vollständig thematisiert. Der Bereich der Immobilienplanung und -entwicklung ist einer von vier zentralen Studiengangsbestandteilen.

Für Studierende der Immobilientechnik und Immobilienwirtschaft, wie aber auch für die der Architektur und des Bauingenieurwesens, ist zum Einstieg in den Themenkomplex „Projektentwicklung" ein entsprechend kompakter Überblick vorteilhaft. Dieser Überblick wird in der Vorlesung „Projektentwicklung in der Immobilienwirtschaft" an der Universität Stuttgart gegeben. Zu dieser Vorlesung soll den Studierenden ein entsprechendes Nachschlagewerk zur Verfügung gestellt werden, dass darüber hinaus weiterführende und ergänzende Informationen aus der Praxis enthält.

Es soll dem Leser einen Überblick und einen Einblick in die Projektentwicklung geben. Neben einer kurzen Aufarbeitung der Theorie werden ergänzend viele anschauliche praxisbezogene und gut verständliche Rechenbeispiele vorgestellt. Weiterhin ist das Buch auch dem Praktiker als Arbeitshilfe und als Nachschlagewerk dienlich.

Besonderer Dank gilt Herrn Sebastian Lange, wissenschaftliche Hilfskraft am Institut für Baubetriebslehre, für die Bearbeitung zahlreicher Abbildungen.

Stuttgart, Februar 2005   Prof. Dr.-Ing. Willi Alda

                                                            Dipl.-Ing. Joachim Hirschner

Inhaltsverzeichnis

Abbildungsverzeichnis

Tabellenverzeichnis

Abkürzungsverzeichnis

AGB	Allgemeine Geschäftsbedingungen
BauGB	Baugesetzbuch
BelG	Beleihungsgrundsätze
BewG	Bewertungsgesetz
BGB	Bürgerliches Gesetzbuch
BGBl.	Bundesgesetzblatt
BGF	Brutto-Grundfläche
BRI	Brutto-Rauminhalt
bzw.	beziehungsweise
CREM	Corporate Real Estate Management
DCF	Discounted Cash Flow Method
DDR	Deutsche Demokratische Republik
DIMAX	Deutscher-Immobilien-Aktien-Index
DIN	Deutsche Industrie Norm
EK	Eigenkapital
EStG.	Einkommenssteuergesetz
EZH	Einzelhandel
FK	Fremdkapital
FörderGG	Fördergebietsgesetz
GBP	British Pound
GFZ	Geschossflächenzahl
GK	Gesamtkapital
GMP	Guaranteed Maximum Price
GU	Generalunternehmer
GÜ	Generalübernehmer
HDE	Hauptverband des Deutschen Einzelhandels
HOAI	Honorarordnung für Architekten und Ingenieure
HypbankG	Hypothekenbankgesetz
i. e. S.	im engeren Sinne

i. d. R.	in der Regel
i. w. S.	im weiteren Sinne
II. BV	Zweite Berechnungsverordnung
IRR	Internal Rate of Return (interner Zinsfuß)
KWG	Kreditwesengesetz
LAN	Local Area Network
MA	Mitarbeiter
Mio.	Million
Mon.	Monat
MwSt.	Mehrwertsteuer
Mrd.	Milliarden
NF	Nettofläche
OFD	Oberfinanzdirektion
PFI	Private Finance Initiative
PPP	Public Private Partnership
REN	Real Estate Norm
RICS	Royal Institution of Chartered Surveyors
SB	Selbstbedienung
Stck.	Stück
SVA	Sachverständigenausschuss
T	Tausend
TIAVSC	The International Assets Valuation Standard Committee
UStG.	Umsatzsteuergesetz
VOB	Vergabe- und Vertragsordnung für Bauleistungen
VOL	Verdingungsordnung für Leistungen
WertR	Wertermittlungsrichtlinien
WertV	Wertermittlungsverordnung
Zzgl.	zuzüglich

1 Grundsätzliches zur Projektentwicklung

1.1 Einordnung der Immobilienbetriebslehre

Die allgemeine Betriebswirtschaftslehre wird in die drei Leistungsphasen: Beschaffung, Produktion und Absatz unterteilt. Eine Strukturierung erfolgt hier nach dem betrieblichen Leistungserstellungsprozess. Sofern die Immobilienwirtschaft als ein Teilgebiet der Betriebswirtschaftslehre gesehen wird, ist es nahe liegend, dass für deren inhaltliche Bestimmung die herkömmlichen Strukturen der Betriebswirtschaftslehre analog verwendet werden.

Um die branchenspezifischen Aspekte entsprechend zu berücksichtigen, wird eine funktionale Gliederung des betrieblichen Leistungserstellungsprozesses vorgenommen. Hierzu müssen die entsprechenden adäquaten Leistungsphasen der Immobilienbetriebslehre der funktionalen Gliederung nach Leistungsphasen der Betriebswirtschaftslehre: Beschaffung, Produktion und Absatz zugeordnet werden. Unter der Voraussetzung, dass die Immobilienbetriebslehre in der Weise definiert wird, dass im Ergebnis des Leistungsprozesses die Immobilie als Wirtschaftsgut entsteht, ist eine solche Betrachtung nahezu unproblematisch.[1]

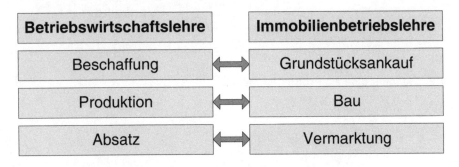

Betriebswirtschaftslehre	Immobilienbetriebslehre
Beschaffung	Grundstücksankauf
Produktion	Bau
Absatz	Vermarktung

Abb. 1-1 Betriebswirtschaftslehre ←→Immobilienbetriebslehre[2]

Da der Leistungserstellungsprozess einer Immobilie nicht mit der Fertigstellung einer Immobilie endet, wird somit sehr schnell deutlich, dass die obigen getroffenen Zuordnungen für die Besonderheiten der Immobilienbetriebslehre nicht ausreichend sind. Insbesondere aufgrund der Tatsache, dass die Nutzungsphase einer Immobilie den längsten Zeitraum im Lebenszyklus der Immobilie darstellt und in diesem Zeitraum

---

[1] vgl. Brauer, K. (1999), S. 5 f
[2] Brauer, K. (1999), S. 6

somit auch die größten Kosten anfallen, muss die Zuordnung der Leistungsphasen der allgemeinen Betriebswirtschaftslehre zur Immobilienbetriebslehre weiter detailliert werden.

Kennzeichnend für den Leistungserstellungsprozess in der Immobilienbetriebslehre ist, dass von der herkömmlichen Reihenfolge Beschaffung – Produktion – Absatz abgewichen wird. Durch die Immaterialität und damit Nichtlagerfähigkeit von Dienstleistungsprozessen fallen in der Immobilienbetriebslehre die Produktion und der Absatz zusammen. Beim Verkauf einer Immobilie wird durch das Erbringen der Dienstleistung des Immobilienmaklers die Immobilie abgesetzt. Während der Bewirtschaftung der Immobilie wird die Dienstleistung durch einen Verwalter zur gleichen Zeit produziert und abgesetzt.[1]

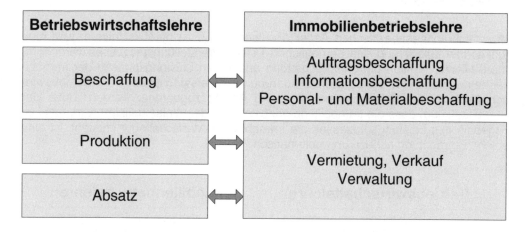

Abb. 1-2 Die Immobilie als Produktionsfaktor[2]

[1] vgl. Brauer, K. (1999), S. 6 f
[2] vgl. Brauer, K. (1999), S. 7

1.2 Bedeutung der Immobilienwirtschaft

Die Bedeutung der Immobilienwirtschaft kann anhand einiger Zahlen aus dem Jahr 2001 in nachstehender Abbildung anschaulich verdeutlicht werden.

			Anteil
Versicherungen und Pensionskassen			
Verkehrswert	46	Mrd. €	17,00%
Geschlossene Immobilienfonds			
Investitionsvolumen	105	Mrd. €	38,00%
Offene Immobilienfonds			
Verkehrswert inkl. Spezialfonds	50	Mrd. €	18,00%
Ausländische Investoren			
Verkehrswert	18	Mrd. €	6,00%
Leasinggesellschaften			
Buchwert	48	Mrd. €	17,00%
Immobilienaktiengesellschaften			
Marktkapitalisierung (E&G-DIMAX)	11	Mrd. €	4,00%
Gesamtes Immobilienanlagevermögen institutioneller Investoren in Deutschland geschätzter Verkehrswert:	**278**	**Mrd. €**	**100,00%**

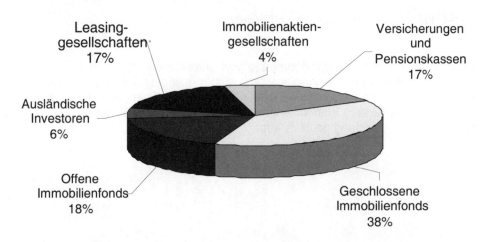

Abb. 1-3   Immobilienvermögen institutioneller Investoren (2001)[1]

---

[1] BulwienGesa AG, München

1.3 Überblick über die Immobilienwirtschaft

Projektentwicklungen von Immobilien werden aus den unterschiedlichsten Bedürfnissen heraus getätigt. Zum einen stehen den verschiedenen Immobilienarten verschiedene potentielle Immobiliennutzer gegenüber. Jede Gruppe der Immobiliennutzer hat für sich ganz spezielle Anforderungen an den benötigten Immobilientyp. Wie aus nachfolgender Abbildung ersichtlich wird, reichen die Immobilienarten von Produktionsimmobilien bis hin zu Einfamilienhäusern, denen die verschiedenen Nutzer vom produzierenden Unternehmen bis hin zum privaten Haushalt gegenüber stehen.

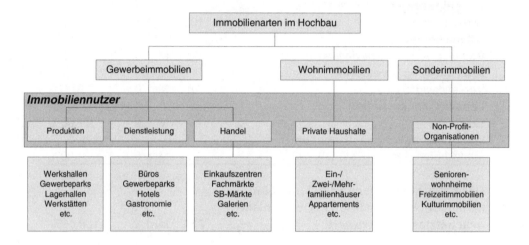

Abb. 1-4 Immobilienarten und Immobiliennutzer

Zum anderen werden Immobilienprojekte von unterschiedlichsten Investoren entwickelt, die mit dieser Form der Kapitalanlage eine möglichst hohe und sichere Rendite ihres eingesetzten Kapitals erzielen wollen. Dies führt zu den verschiedensten Formen der Kapitalanlage in Immobilienprojekten von unterschiedlichen Investoren, wie in nachfolgender Abbildung deutlich wird.

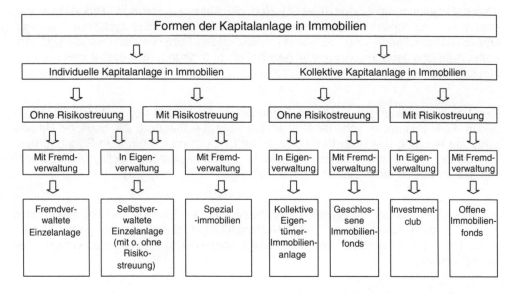

Abb. 1-5 Formen der Kapitalanlage in Immobilien[1]

1.4 Der Projektentwicklungsprozess

1.4.1 Definition des Begriffs der Projektentwicklung

Der Begriff Projektentwicklung ist geprägt durch die zwei Begriffe „Projekt" und „Entwicklung". Geht man von der unmittelbaren Bedeutung der beiden Begriffe aus, so kann unter dem Begriff „Projekt" ein Plan, ein Entwurf oder ein Vorhaben verstanden werden. Unter der „Entwicklung" wird ein Prozess der Veränderung der Dinge und Erscheinungen verstanden, während dessen Verlauf sich eine fortschreitende Tendenz, ein Übergang von Qualitäten von niederen zu höheren, von einfachen zu komplizierten Formen durchsetzen wird.[2]

Ferner wird von Diederichs (1999) der Begriff Projektentwicklung unterschieden in:

- Projektentwicklung im weiteren Sinne (i. w. S.)
- Projektentwicklung im engeren Sinne (i. e. S.)

---

[1] vgl. Abromeit-Kremser, B. (1986), S. 33
[2] Brauer, K. (1999)

„Durch Projektentwicklungen (i. w. S.) sind die Faktoren Standort, Projektidee und Kapital so miteinander zu kombinieren, dass einzelwirtschaftlich wettbewerbsfähige, arbeitsplatzschaffende und -sichernde sowie gesamtwirtschaftlich sozial- und umweltverträgliche Immobilienprojekte geschaffen und dauerhaft rentabel genutzt werden können."[1]

Die Projektentwicklung im weiteren Sinne beinhaltet hierbei den gesamten Lebenszyklus einer Immobilie, von der Projektidee über die Planung, die bauliche Umsetzung, die Nutzung bzw. den Betrieb über die Umnutzung bis hin zum Rückbau bzw. Verwertung. Somit sind auch das Projektmanagement und das Facility Management bzw. die Immobilienbewirtschaftung mit enthalten.

Die Projektentwicklung im engeren Sinn beinhaltet den Bereich von der Projektidee bis hin zu dem Punkt, an dem die Wirtschaftlichkeit des Projektes gegeben sein muss, um eventuell weitere Planungsaufträge vergeben zu können, also vor der Projektrealisierung.

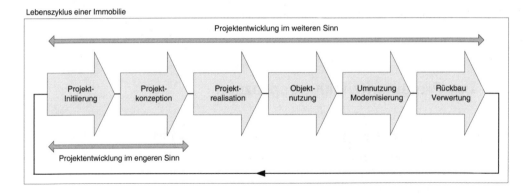

Abb. 1-6   Projektentwicklung im Lebenszyklus einer Immobilie[2]

1.4.2 Ablauf und Aufgabenfelder der Projektentwicklung

Einen ersten Gesamtüberblick über den Ablauf einer Projektentwicklung gibt die nachfolgende Abbildung. Der in dieser Darstellung strikt gegliederte Aufbau der einzelnen Arbeitsschritte darf nicht darüber hinwegtäuschen, dass bei einer Projektentwicklung viele Prozesse zwangsläufig parallel ablaufen.

---

[1] Diederichs, C. J. (1999)
[2] vgl. Diederichs, C. J. (1999)

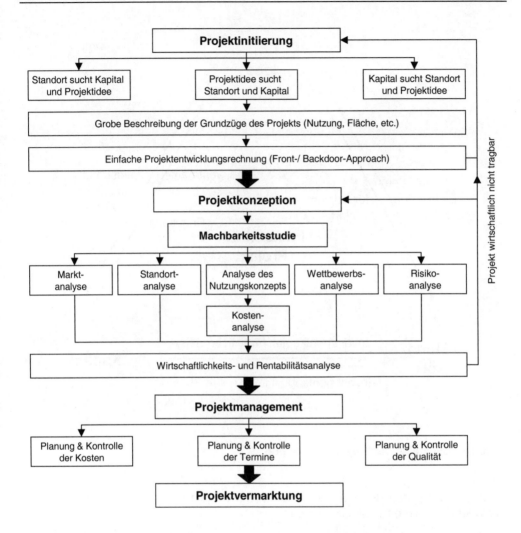

Abb. 1-7 Phasendeterminierte Sichtweise der Aufgabenfelder der Projektentwicklung[1]

Nach der Projektinitiierung gibt es drei grundlegende Varianten für den Beginn einer Projektentwicklung. Die drei Grundbausteine einer jeden Projektentwicklung: Standort, Kapital und Projektidee lassen sich miteinander zu verschiedenen Szenarien kombinieren. Die möglichen Szenarien aus dieser Kombination werden in der nachfolgenden Abbildung deutlich.

---

[1] Isenhöfer, B. (1999), S. 52

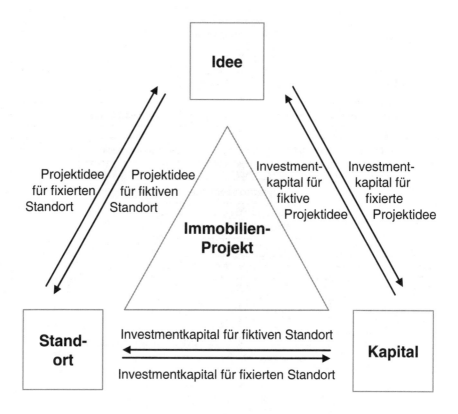

Abb. 1-8   Bausteine der Projektentwicklung[1]

Ausgehend von den drei Grundbausteinen der Projektentwicklung können drei verschiedene Szenarien abgeleitet werden:

-   Szenario 1: Für einen vorhandenen Standort existiert eine Projektidee. Dieser Fall stellt eine anspruchsvolle Aufgabe dar, da gewisse Randbedingungen für das zu verwendende Grundstück existieren. Dies können beispielsweise die Grundstücklage oder auch die Bodenbeschaffenheit (Tragfähigkeit des Baugrunds) sein.

-   Szenario 2: Für eine Projektidee existiert das nötige Kapital, es muss lediglich noch ein geeigneter Standort gesucht werden. Diese Konstellation ist für Institutionelle Investoren, wie z. B. Offene Immobilienfonds, Versicherungen oder Pensionskassen üblich.

---

[1] vgl. Diederichs, C. J. (1999)

- Szenario 3: Es existiert eine Projektidee, zu der es aber noch keinen Standort und kein Kapital gibt. Hier kommt es im Wesentlichen auf die Qualität der Projektidee an.

Im Anschluss bzw. bei der Bildung des jeweiligen Szenarios sollte eine grobe Beschreibung und Definition des geplanten Projektes erfolgen. Die zur Verfügung stehenden Möglichkeiten zur Flächenschaffung sollten mit den Nutzungsanforderungen in Einklang gebracht werden. Wenn dem Projektentwickler diese ersten groben Randbedingungen des zukünftigen Projektes bekannt sind, kann er eine erste ungefähre Wirtschaftlichkeitsrechnung durchführen. Hierbei bieten sich dem Projektentwickler prinzipiell zwei Möglichkeiten.

Zum einen kann er mit der Schätzung der anstehenden Kosten der Projektentwicklung (inkl. Zuschlag für Wagnis und Gewinn) starten und daraus die später erforderlichen Mindestmieten pro Quadratmeter kalkulieren. Dieses Verfahren wird auch als Front-Door-Approach bezeichnet. Zum anderen kann der Projektentwickler eine Prognose der potentiell erzielbaren Mieteinnahmen beginnen und hieraus die Höhe des daraus zur Verfügung stehenden Kapitaleinsatzes für den Erwerb des Grundstückes und die Erstellung des Projekts ableiten. Dieses Verfahren wird als Back-Door-Approach bezeichnet und ist dem weit verbreitetem Residualwertverfahren ähnlich. Es sollte jedoch bei beiden Verfahren berücksichtigt werden, dass es sich hierbei um Rechenverfahren in einem sehr frühen Stadium der Projektentwicklung handelt und die somit zugrunde liegenden Daten lediglich auf Erfahrungswerten oder Schätzungen von vergangenen Projektentwicklungen basieren.[1]

Die gesamte Projektentwicklung ist prozessorientiert und umfasst in der Praxis nicht nur die Tätigkeiten, die erforderlich sind, um ein Projekt realisierungsfähig zu machen, sondern sie schließt mit der realisierten Nutzung bzw. Verwertung des fertigen Objektes ab. Die Prozessorientierung der Projektentwicklung zeigt sich deutlich an den unterschiedlichen Zeitpunkten im Lebenszyklus einer Immobilie, an denen sie einsetzen kann, vgl. hierzu nachfolgende Abbildung.

---

[1] vgl. Isenhöfer, B. (1999), S. 59

Immobilienlebenszyklus

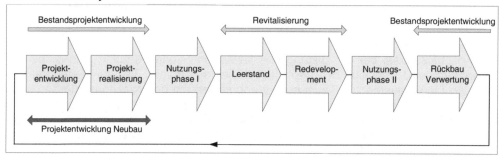

Abb. 1-9 Prozessorientierung der Projektentwicklung

In vorstehender Abbildung umfassen hierbei jeweils:

Projektentwicklung Neubau: Die Projektentwicklung auf einem leeren Grundstück

Revitalisierung: Ein Redevelopment einer bestehenden Immobilie (evtl. unter laufenden Betrieb)

Bestandsprojektentwicklung: Eine Projektentwicklung nach dem Komplett- bzw. Teilabriss einer bestehenden Immobilie

Der Erfolg einer Projektentwicklung zeigt sich nicht nur alleine durch eine erfolgreiche Vermarktung des entwickelten Projektes, sondern erst nach der erfolgreichen Projektverwertung bzw. dem wirtschaftlich erfolgreichen Betrieb einer Immobilie. Der Betrieb einer Immobilie hat auch zeitlich gesehen den größten Anteil im Lebenszyklus einer Immobilie. Somit ist eine allumfassende Betrachtung der Immobilie von der ersten Projektidee bis hin zum Abriss oder einem möglichen Redevelopment der Immobilie von entscheidender Bedeutung, um die Nachhaltigkeit einer Immobilieninvestition zu gewährleisten. Ein Problem, das sich bei einer Projektentwicklung immer stellen wird, ist die Tatsache, dass zu Beginn einer Projektentwicklung relativ wenige Informationen verfügbar sind und diese erst im weiteren Verlauf gesammelt und konkretisiert werden können, obwohl diese Informationen gerade zu Beginn einer Projektentwicklung bedeutend wären. Denn mit der fortschreitenden Zeit nimmt die Möglichkeit einer Einflussnahme immer mehr ab, so dass gegen Ende der Projektentwicklung oftmals ein hoher Wissenstand zum Projekt gegeben ist, eine aus diesen Informationen sinnvolle Einflussnahme auf die Projekteigenschaften jedoch nachträglich nicht mehr wirtschaftlich durchführbar ist. Da jedes Bauwerk und somit auch jede Projektentwicklung einer Immobilie für sich Unikate sind, wird es nie gänzlich möglich sein, die gesamten gesammelten Informationen einer erfolgreichen Projektentwicklung ohne Veränderung auf eine neue Projektentwicklung zu übertragen. Die bei Projektentwicklungen gesammelten Informationen können jedoch bei entsprechender Bewertung der jeweiligen Informationen für zukünftige Projektentwicklungen einen entscheidenden Beitrag zum Erfolg leisten und dabei helfen, dass begangene Fehler zukünftig vermieden werden können.

Phase	Bezeichnung	Konkretisierung	Komplexität / Beeinflussbarkeit	Wesentliche Inhalte
1	Strategie			Idee-, Bedarfsformulierung
2	Projekt- initiierung			Beschreibung der Grundzüge des Objektes
3	Projektkonzept			Überprüfung der Realisierungsfähigkeit (Feasiblity Study)
4	Projekt- konkretisierung			- Grundstückssicherung - Integration der wesentl. übrigen Projektbeteiligten - Genehmigungsfähigkeit
5	Projekt- realisierung			- Planung - Projektmanagement • Projektsteuerung • Projektleitung - Bauausführung
6	Projektverwertung			Eigennutzung / Vermietung
7	Betrieb des fertigen Projektes (Objektes)			Facility Management (Gebäude - Management)

Konkretisierung-Spalte: zunehmend / Gesamtdauer ca. 3 – 5 Jahre; Komplexität / Beeinflussbarkeit-Spalte: abnehmend

Abb. 1-10 Phasenmodell der Projektentwicklung

Die Projektentwicklung stellt insgesamt eine sehr komplexe, dynamische und inter-disziplinäre Aufgabe dar, in deren Prozess eine Fülle von unterschiedlichen Ausbildungen benötigt wird. Hierzu gehören in der Regel der Architekt, der Bauingenieur, der Kaufmann, der Jurist und auch der Maschinenbauer, sowie bei Bedarf weitere Fachspezialisten. Bisher existiert noch kein einheitliches Berufsbild eines Projektentwicklers (Developers) - am nächsten kommt hier noch der Chartered surveyor aus Großbritannien. An deutschen Fachhochschulen und auch an Universitäten besteht jedoch seit kurzem die Möglichkeit, ein interdisziplinäres Vollzeitstudium im Bereich der Immobilienwirtschaft/-technik zu belegen. Beispielhaft sei der Studiengang Immobilientechnik und Immobilienwirtschaft an der Universität Stuttgart genannt, der seit dem Wintersemester 2001/02 angeboten wird. Schlussendlich kann gesagt werden, dass eine optimale Projektentwicklung eigentlich nur von dem begonnen werden kann, der die Bedürfnisse des Immobilienmarktes heute und in der Prognose für die

Zukunft am besten einzuschätzen vermag. Dies ist letztlich der Endnutzer, -verwerter oder -vermieter.

1.5 Nachhaltigkeit von Immobilienprojektentwicklungen

Der Erfolg einer Projektentwicklung einer Immobilie ist entscheidend davon abhängig, ob die entwickelte Immobilie dem Gebot der Nachhaltigkeit folgt. Was genau ist jedoch unter dem Begriff der „Nachhaltigkeit" zu verstehen". Im der Literatur wird der Begriff „Nachhaltigkeit" wie folgt definiert:

„Das in der Forstwirtschaft seit Jahrhunderten angewandte Prinzip der Nachhaltigkeit ist unter dem Aspekt der Ökonomie als Art des Wirtschaftens zu bezeichnen, bei welcher derzeitige Bedürfnisse befriedigt werden, ohne zukünftigen Generationen die Lebensgrundlagen zu entziehen (sustainable development). Kennzeichnung durch langfristig orientiertes Denken und Handeln, um ein Fließgleichgewicht der natürlichen Ressourcen zu erreichen."[1]

Mit einer nachhaltigen Entwicklung sollen die heutigen Bedürfnisse und Erfordernisse befriedigt werden, ohne dass dabei das Risiko eingegangen wird, dass dies für zukünftige Generationen nicht mehr möglich sein wird. Bei der Entwicklung von Immobilienprojekten ist das Gebot der Nachhaltigkeit bei Planung, Errichtung und Betrieb sicherzustellen. Nur dadurch kann gewährleistet werden, dass sie markt- und bedarfsgerecht ist und dies auch zukünftig bleiben wird. Prinzipiell kann eine Immobilie nur bedarfsgerecht sein, wenn diese auch marktgerecht ist. Als marktgerecht wird eine Immobilie bezeichnet, wenn sie die Marktkriterien Timing, Standort, Nutzflächenstruktur, Qualität und Entwicklungspotential, Fungibilität und Wirtschaftlichkeit optimal erfüllt. In Kapitel 3 dieses Buches wird auf die einzelnen Punkte im Detail eingegangen.

Die vier Bereiche der technischen, sozialen, wirtschaftlichen und ökologischen Nachhaltigkeit haben jeweils für sich einen wesentlichen Einfluss auf die gesamte Nachhaltigkeit der Immobilie und somit auch auf den Erfolg einer Immobilienprojektentwicklung. Die einzelnen Bereiche stehen jedoch untereinander auch in einem Spannungsverhältnis. Es reicht bei weitem nicht aus, jeden der vier Einzelbereiche für sich zu hundert Prozent zu optimieren. Dies ist durch die gegenseitigen Beeinflussungen und Abhängigkeiten gar nicht möglich. Veranschaulichen lässt sich dies zum Beispiel an der Lebensdauer von Immobilien. Die reine technische Lebensdauer heutiger Immobilien beträgt normalerweise 80 Jahre und mehr. Im Gegensatz dazu beträgt die übliche wirtschaftliche Lebensdauer einer Immobilie etwa 10 - 15 Jahre. Diese wirtschaftliche Lebensdauer ist jedoch auch stark von der jeweiligen Nutzungsart der Immobilie abhängig. Die Praxis der letzten Jahrzehnte zeigt, dass die wirtschaftliche

---

[1] vgl. o. V. (2000)

Lebensdauer von Büroimmobilien länger und die von Einzelhandelsimmobilien eher kürzer ist. Aus diesem Grund sollte eine Immobilie bereits bei der Planung entsprechend konzipiert werden. So wird es beispielsweise nicht erforderlich sein, bestimmte Bauelemente auf die technische Gesamtlebensdauer auszulegen, die ohnehin bei einem erforderlichen Umbau zur Erhaltung der wirtschaftlichen Nachhaltigkeit nach ca. 10-15 Jahren erneuert werden. Bei Neubauprojekten wie auch bei Umbaumaßnahmen kann es aber auch durchaus sinnvoll sein, hochwertige Baustoffe bereits von Anfang an einzusetzen. So können sich die anfänglich höheren Kosten für den Einsatz von hochfestem Beton bei Stützen durchaus rasch amortisieren. Denn durch den Einsatz von hochfesten Betonen kann bei Stützen eine geringere Querschnittsfläche erreicht werden, was letztlich zu einer größeren vermietbaren Fläche und somit zu einem höheren Ertrag bei der Vermietung führen kann.

Sicherlich wird auch das individuelle Anliegen eines jeden Immobilieninvestors einen Einfluss auf die Nachhaltigkeitsfaktoren einer Immobilienentwicklung haben. Bei den meisten Investoren wird jedoch der Wunsch nach einer langfristig orientierten Rendite im Vordergrund stehen, sei es für den Investor selbst oder beispielsweise für dessen Kapitalgeber (treuhändisch tätiger Immobilieninvestor). Somit ergibt sich für den Investor die Erfordernis, die Nachhaltigkeit des Mietertrages und den Wert der Immobilie besonders im Auge zu behalten. Renditevorteile ergeben sich für den Investor bei der Verkürzung von Planung und Ausführungszeit, da die eine Ertragserhöhung bedeutet. Deshalb sind hier verkürzte Realisierungszeiten durch einfache Konstruktionsweisen, durch elementiertes Bauen und durch einen schnellen Abbruch sinnvoll, sowie auch die Möglichkeit einer Umnutzung bzw. Revitalisierung unter laufenden Betrieb, insbesondere bei Einzelhandelsflächen. Jede Verlängerung der Planung und Ausführung bedeutet für den Investor einen Ertrags- und möglicherweise auch einen Mietausfall.

Es ist somit erforderlich, dass die vier Spannungsbereiche der technischen, wirtschaftlichen, sozialen und ökologischen Nachhaltigkeit bereits bei der Projektentwicklung aufeinander abgestimmt werden und auch während des Betriebes ständig überprüft werden, um die weitere Gesamtnachhaltigkeit der Immobilie zu gewährleisten. An den vorherigen Ausführungen wird auch deutlich, dass eine erfolgreiche nachhaltige Projektentwicklung nur durch das Zusammenspiel der einzelnen Bereiche entstehen kann. Dieses Zusammenspiel ist umso erfolgreicher, wenn möglichst viele Beteiligte an der Projektentwicklung über ein möglichst interdisziplinäres Wissen verfügen.

Gefährdet wird die Nachhaltigkeit von Immobilien durch die mangelnde Professionalität deutscher Marktteilnehmer und durch die mangelhafte Ausbildungs- und Forschungssituation in Deutschland im internationalen Vergleich. Zur Verbesserung der Situation ist neben der Optimierung der drei vorgenannten Bereichen, insbesondere aus Investorensicht, eine Verbesserung im Bereich des Portfolio Managements, des Asset Managements und des Facility Managements dringend erforderlich. Diese Ziele können beispielsweise durch die Deregulierung bei gesetzlichen Regelungen, durch die Harmonisierung von europaweiten Regelungen, durch die Förderung neuer Technologien, durch erhöhte Forschung und Lehre im Bereich der Immobilienwirtschaft und durch ein Allianzdenken statt „Feindbildhandeln" in der Immobilienwirtschaft erreicht werden. Es ist somit nicht nur mehr Nachhaltigkeit bei Immobilien erforderlich, sondern es sollte auch mehr nachhaltiges Denken und Handeln inklusive mehr Professionalität in der Immobilienwirtschaft zur Anwendung kommen.

1.6 Beteiligte des Projektentwicklungsprozesses

Als Nachfrager für Projektentwicklungen kommen verschiedene Gruppen in Betracht, die unterschiedliche Intentionen haben. Dies sind im Wesentlichen:

- Öffentliche Bauherren
- Private Investoren
    - Selbstnutzung
    - Kapitalanlage
- Unternehmen
    - Selbstnutzung (Produktion, Lagerung, Verwaltung, Verkauf und Forschung, etc.)
    - Kapitalanlage
    - Realisierung von außerordentlichen Erträgen
- Institutionelle Investoren
    - Versicherungen und Pensionskassen
    - Geschlossene Immobilienfonds
    - Offene Immobilienfonds
    - Leasinggesellschaften
    - Ausländische Investoren

Nachfrager und Beteiligte des Projektentwicklungsprozesses (Architekten und Ingenieure, Bauunternehmen, Banken etc.) sind in unterschiedlichster Art in den Prozess der Projektentwicklung eingebunden, wie in nachstehender Abbildung anschaulich dargestellt ist.

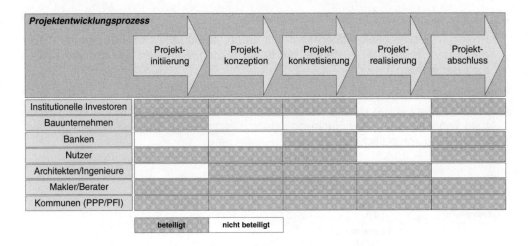

Abb. 1-11 Beteiligte des Projektentwicklungsprozesses

1.7 Modelle zur Erklärung von Projektentwicklungsprozessen

Nach Healey[1] lassen sich Modelle zur Beschreibung von Projektentwicklungsprozessen vier grundlegenden Richtungen zuordnen:

1. Phasenmodell („Event-sequence model")

   Konzentration auf das Management der Projektentwicklung als Prozess von einzelnen Phasen

2. Institutionenmodell („Agency model")

   Im Vordergrund stehen die am Projektentwicklungsprozess Beteiligten und ihre Beziehungen untereinander.

3. Strukturmodell („Structure model")

   Ursprung in der marxistischen Systemauffassung. Untersucht das Spiel der Kräfte von Kapital, Arbeit und Eigentum.

---

[1] Healey, P. (1991)

4. Gleichgewichtsmodell („Equilibrium model")

Projektentwicklungsaktivitäten kommen durch Marktkräfte und -bewegungen (Angebot und Nachfrage) zustande, die durch Mieten, Renditen und Kaufpreise beeinflusst werden.

Besonders anschaulich ist das Gleichgewichtsmodell, insbesondere um das Wechselspiel von Angebots- und Nachfrageüberschüssen sowie Preisschwankungen auf Teilmärkten zu verdeutlichen.

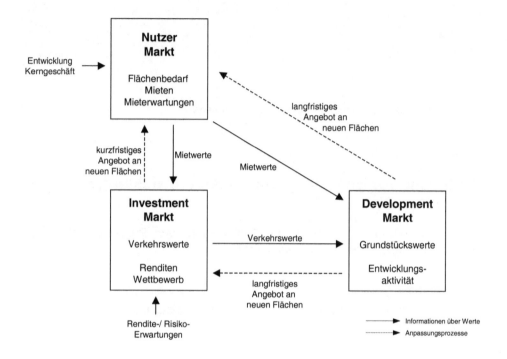

Abb. 1-12 Einfaches Gleichgewichtsmodell für den Immobilienmarkt[1]

Nachteile bzw. Probleme entstehen insbesondere durch folgende Punkte:

- Überwiegend statischer und deterministischer Modellcharakter
- Der einzelne Marktteilnehmer besitzt nur unzureichende Informationen über die anderen Marktteilnehmer

---

[1] vgl. Keogh, G. (1994)

Ein gutes Beispiel für eine komparativ-statische Betrachtung eines Immobilienmarktes liefert die nachfolgende Abbildung des homogen betrachteten Vermietungsbereichs für Berliner Büroflächen vor und nach der Wiedervereinigung Deutschlands.

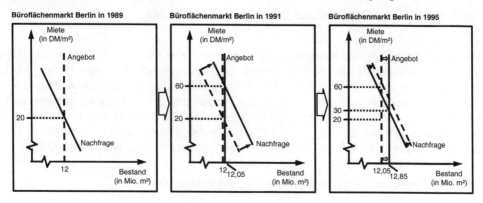

Abb. 1-13 Büroflächenmarkt Berlin 1989, 1991 und 1995[1]

1.8 Merkmale der Projektentwicklung als Marktgeschehen

Eine Projektentwicklung ist prinzipiell immer eine Teamaufgabe. Sie ist grundsätzlich nicht fixiert oder eingegrenzt, jedoch in einigen Teilbereichen reguliert. Bei der Projektrealisierung durch die HOAI, die VOB und das BGB, bei der Projektgenehmigung durch das Planungs- und Baurecht, bei den Projektvertriebstätigkeiten durch die Makler- und Bauträgerverordnung und bei den Projektnutzungsrechten durch das Mietrecht und durch das Kaufvertragsrecht (Notar in Deutschland). Für eine Projektentwicklung werden weiterhin wesentliche Kenndaten durch den Immobilienmarkt (Angebot und Nachfrage) bestimmt und sind somit letztlich als Funktionen der Zeit definiert. Dies sind zum einen die Grundstückspreise und zum anderen die Mieten als Funktionen der Zeit F(t). Weiterhin ist jede Projektentwicklung in die Polarisierung Staat – Wirtschaft eingebettet.

Die Projektentwicklung hat eine zunehmende Bedeutung in der Immobilienwirtschaft. Anschaulich wird dies durch die wachsende Bedeutung nicht nur in der klassischen Immobilienwirtschaft der institutionellen Investoren, sondern auch in den Produktionsbereichen oder privatisierten staatlichen bzw. halbstaatlichen Institutionen (z. B. Deutsche Bahn AG, Deutsche Post AG oder die Telekom). In diesem Zusammenhang haben auch die Bereiche des Corporate Real Estate Management (CREM) oder das

---

[1] Bone-Winkel, S. (1997)

Public Private Partnership Modell (PPP-Modell) eine äußerst aktuelle Bedeutung erlangt.

1.8.1 Corporate Real Estate Management (CREM)

In Unternehmen, deren Kerngeschäft nicht die Immobilie ist, so genannte „Non-Property-Companies", also beispielsweise die Automobilindustrie, wird bislang häufig die Bedeutung von unternehmenseigenen Immobilien unterschätzt. Obwohl gerade in diesen Unternehmen oftmals ein sehr großer Bestand an Immobilien vorhanden ist, mit dem zwangsläufig auch Kosten verbunden sind. Die Höhe dieser Immobilienkosten belaufen sich auf 5 – 15 % der Unternehmenskosten.[1] Deutlich wird die „Wertedimension Immobilie" in Non-Property-Companies auch an nachfolgender Tabelle.

Tab. 1-1   Bedeutung des Immobilienvermögens in Unternehmen[2]

Jahr	Bilanzsumme	Immobilienvermögen	
	Mrd. €	Mrd. €	% der Bilanzsumme
1980	818,6	108,7	13,3
1985	972,9	124,4	12,8
1990	1302,0	135,3	10,4
1991	1438,7	146,7	10,2
1992	1486,3	158,9	10,7
1993	1507,1	162,7	10,8
1994	1531,7	160,2	10,5
1995	1580,6	154,9	9,8
1996	1600,8	155,0	9,7
1997	1644,8	163,7	9,9
1998*	1899,0	201,2	10,6
1999	2030,9	209,1	10,3
2000	2180,7	215,8	9,9

*) ab 1998 geschätzte Angaben für Deutschland gesamt

Obwohl sich diese mit den Immobilien verbundenen Kosten auch im Unternehmenserfolg widerspiegeln, wurde und wird diesem Wertefaktor von den meisten Non-Property-Companies bisher nicht die erforderliche Aufmerksamkeit geschenkt, obwohl Immobilien je nach Wertansatz 10 % (Buchwert) und bis zu 40 % (Verkehrswert)

---

[1] Schulte K.-W., Schäfers, W. (1998), S. 40
[2] Deutsche Bundesbank

der Aktiva von Unternehmen beanspruchen. In erster Linie wurden vor allem die Immobilienkosten nicht einheitlich erhoben und verursachungsgerecht zugeordnet.

Anschaulich wird hier der Vergleich mit dem Modell des Immobilienkosten-Eisbergs. In diesem Modell wird davon ausgegangen, dass der Großteil der im Zusammenhang mit Immobilien entstehenden Kosten als verborgener Eisberg unter Wasser treibt. Dies sind vor allem Kostenarten wie Steuern, Energiekosten, Nebenkosten, Verwaltungskosten, Reinigungskosten, Versicherung, Bauunterhaltungskosten, Bedienungskosten, Wartungs- und Inspektionskosten und Sonstige Kosten. Nur ein kleiner Teil der Kosten, nämlich die Kapitalkosten, die Abschreibung und natürlich die Miete sind als Eisbergspitze über dem Wasser direkt wahrnehmbar. Für den Immobilieneigentümer und Nutzer werden oftmals nur diese „sichtbaren" Kosten in Zusammenhang mit der Immobilie gebracht.[1]

Das Corporate Real Estate Management (CREM), also das betriebliche Immobilienmanagement, versteht sich als eine Führungskonzeption für die Immobiliendimension der Non-Property-Companies und beinhaltet daher eine systematische Analyse, Planung, Organisation und Kontrolle aller immobilienbezogenen Unternehmensaktivitäten, insbesondere der mit den Kosten der unternehmenseigenen verbundenen Immobilien. Im Bereich des Corporate Real Estate Managements (CREM) haben sich daher vier Forschungsschwerpunkte gebildet, die vier Säulen des CREM.

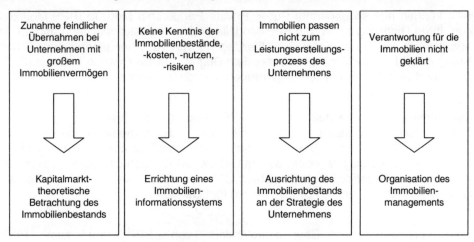

Abb. 1-14 Die vier Säulen des CREM[2]

---

[1] vgl. Schulte K.-W., Schäfers W. (1998), S. 40 f
[2] Pfnür A. (2002), S. 60

Die Zielsetzung des CREM ist es, dass durch Identifikation und Realisation von Kostensenkungs- und Erlöspotentialen (Projektentwicklung) ein wesentlicher Beitrag zur nachhaltigen Wettbewerbsfähigkeit von Unternehmen geleistet werden kann.

1.8.2 Public Private Partnership (PPP)

Für das Baugewerbe in Deutschland zählt die öffentliche Hand immer noch als wichtigste Auftraggeberin für Bauaufträge. Das Deutsche Institut für Urbanistik prognostiziert vom Jahr 2000 bis 2009 einen Investitionsbedarf der Kommunen von insgesamt 600 Mrd. Euro. Hierunter fallen insbesondere Investitionen im Bereich des Verkehrs, des Schulbereichs, der Sportanlagen und Verwaltungsgebäude. Umgerechnet ergibt sich somit ein tatsächlicher Investitionsbedarf von ca. 60 Mrd. Euro pro Jahr. Bedingt durch die schlechte Haushaltslage des Bundes, der Länder und der Kommunen betrugen die tatsächlichen öffentlichen Bauinvestitionen im Jahr 2001[1] nur 29,2 Mrd. Euro und im Jahr 2002 lediglich 27,2 Mrd. Euro. Diese Zahlen weisen bereits einen jährlichen Investitionsstau von ca. 30 Mrd. Euro pro Jahr aus. Bei der aktuellen finanziellen Lage der öffentlichen Hand ist davon auszugehen, dass sich diese Lücke in den nächsten Jahren eher vergrößern als verkleinern wird. Daher muss sich auch die öffentliche Hand nach neuen Finanzierungsmodellen bzw. Partnerschaftsmodellen umschauen.

Abhilfe können hier so genannte Public Private Partnership Modelle (PPP-Modelle) bieten. Ihren Ursprung haben die PPP-Modelle in den angelsächsischen Ländern. In Großbritannien ist das Konzept der Übertragung von zu erbringenden öffentlichen Leistungen auf Privatunternehmen unter dem Begriff „Private Finance Initiative (PFI)" bekannt und wird dort schon seit längerem erfolgreich umgesetzt.

In Deutschland wurde im Juli 2002 der PPP-Lenkungsausschuss des Bundes gegründet. Beteiligt sind hierbei der Bund, die Länder, die Gemeinden, die Kreditwirtschaft und die Bauwirtschaft. Vom Lenkungsausschuss wurde ein Gutachten zu PPP in Deutschland in Auftrag gegeben, das im Oktober 2003 durch das Gutachterkonsortium fertig gestellt wurde. Das Gutachten „PPP im öffentlichen Hochbau" besteht insgesamt aus fünf Teilen und gliedert sich in fünf Bände.

Band I: Leitfaden zum Begriffsverständnis von PPP und zum PPP-Beschaffungsprozess (Bedarfsfeststellung, Maßnahmenidentifizierung, Vorbereitung und Konzeption, Ausschreibung und Vergabe, Implementierung und Vertragscontrolling, Verwertung)

Band II: Rechtliche Rahmenbedingungen

---

[1] Bundesministerium für Wirtschaft und Arbeit (http://www.bmwi.de)

Band III: Wirtschaftlichkeitsuntersuchung (PPP-Variante im Gegensatz zu der konventionellen Eigenrealisierung)

Band IV: Sammlung und systematische Auswertung der Informationen zu PPP-Beispielen

Band V: Strategie / Taskforces, Strukturskizze für das föderale Kompetenzzentrum

Die zentrale Aufgabe und Funktion des Kompetenzzentrums soll die Beratung der öffentlichen Hand bei Projekten, die Sammlung von Erfahrungen vergangener und laufender PPP-Projekte und die Verbesserung der rechtlichen Rahmenbedingungen für PPP in Deutschland sein.

PPP-Modelle definieren sich als Kooperation von öffentlicher Hand und privater Wirtschaft bei der Planung und dem Entwurf, bei der Errichtung, bei der Finanzierung und beim Betrieb von öffentlich zu erbringenden Leistungen. PPP-Modelle umfassen also nicht nur die Planung und den Bau, sondern auch den Betrieb und die Finanzierung des Projektes. Diese einzelnen Leistungen werden aus einer Hand, nämlich vom Vertragspartner der öffentlichen Hand, erbracht. In Anbetracht der langen Betriebsdauern von Immobilien sollte diese langfristige, vertraglich geregelte Zusammenarbeit beider Parteien durch ein faires partnerschaftliches Miteinander geprägt sein. Nur so können sich die Effizienzvorteile in Bezug auf die Gesamtkosten und die optimierte Erfüllung der öffentlichen Aufgabe verwirklichen lassen. Als typisches Ziel von PPP-Modellen kann die langfristige (i. d. R. 20 - 30 Jahre) und kostengünstige Bereitstellung von öffentlicher Infrastruktur durch private Unternehmen gesehen werden.

Die wesentlichen Kriterien und Merkmale eines PPP-Projektes sind die optimierte Projektplanung durch eine ganzheitliche Betrachtung, eine langfristige Gewährleistung und eine optimale Risikoverteilung. Bei der Risikoverteilung übernehmen die öffentliche Hand und der private Partner jeweils dasjenige Risiko, das sie am besten steuern und beurteilen können. Die öffentliche Hand profitiert bei PPP-Projekten neben dem reinen Effizienzgewinn, der sich durch Einsparungen bei Baukosten und durch eine verkürzte Bauzeit ergibt, auch vom Wissenstransfer. Hierbei wird der öffentlichen Hand ein stärker betriebswirtschaftlich orientiertes Denken und Handeln bei der Leistungserstellung von Projekten bewusst. Aber auch der private Partner profitiert von der Beteiligung an PPP-Projekten. In erster Linie erhält er eine größere Finanzierungs- und Planungssicherheit, sowie eine erleichterte Umsetzung des Projekts durch die enge Zusammenarbeit mit den öffentlichen Entscheidungsträgern. Bei PPP-Projekten bringt jeder der Vertragspartner seine Stärken ein, um eine optimale Projektabwicklung zu ermöglichen.

Für die öffentliche Hand ergeben sich durch PPP-Modelle eine ganze Reihe von Vorteilen. Dies sind im Einzelnen die kostenoptimierte Realisierung von Projekten trotz knapper finanzieller Mittel, eine Entlastung der heutigen Haushaltslage durch zeitlich verschobene Nutzung von Haushaltsmitteln, eine effektivere Verwendung von öffentlichen Geldern, eine langfristige Kostensicherheit und Versorgungssicherheit durch dauerhafte Wartung und Instandhaltung aus einer Hand während der Betriebsphase, kalkulierbare Kosten für den Bau und das Vorhandensein von nur einem Vertragspartner. Ein wichtiger Vorteil für den öffentlichen Auftraggeber ist es, dass er trotz allem nicht seinen Einfluss als Auftraggeber verliert.

Auch für den privaten Partner ergeben sich durch PPP-Projekte Vorteile. Dies ist die Verlängerung der Wertschöpfungskette durch das Einbeziehen von Bereichen, die der eigentlichen Bautätigkeit vor- oder nachgelagert sind, durch einen konstanten Zahlungsfluss, durch die Erschließung von neuen Marktfeldern, durch langfristige Renditeerwartungen und schlussendlich auch durch die Schaffung von neuen Arbeitsplätzen im Interesse beider Beteiligten der PPP-Projekte.

Bei allen genannten Vorteilen für beide Vertragspartner sollten aber auch die vorhandenen Nachteile nicht gänzlich verschwiegen werden. Diese spiegeln sich durch einen hohen Konzeptaufwand, in höheren Finanzierungskosten, durch schwierige Nachtragsverhandlungen und in einem eventuellen Sachkompetenzverlust wieder. Weiterhin kann der Auftraggeber nur noch im Rahmen des Vertrages Einfluss nehmen und kommt bei Ausfall des privaten Partners in Handlungszwang.

Public Private Partnership bedeutet also die Offenlegung der Interessen, Vertraulichkeit und Verzicht auf Druckausübung über die Presse, eine Parallelisierung von Verfahren und ein Verzicht auf einseitige Hoheitsakte. Public Private Partnership bedeutet hingegen nicht eine besondere Nachgiebigkeit gegenüber der anderen Seite, einen nachlässigen Umgang mit zwingenden Rechtsnormen, eine Verkürzung des Rechtsschutzes Dritter oder ein Ausschalten oder Umgehen von parlamentarischen Gremien.

PPP ermöglicht in vorzüglicher Weise die Realisierung von Maßnahmen hoher Komplexität (z. B. Multifunktionshalle) und stellt ein Instrument dar, das zur Sicherung und zum Ausbau interregionaler und internationaler Wettbewerbsfähigkeit, als neues Instrument der Konsensbeschaffung als Vorbereitung auf das Europa der Regionen geeignet ist und nicht zuletzt den Abbau von Investitionsstaus der öffentlichen Hand ermöglichen könnte.

2 Grundstücks- und Immobilienbewertung

Ausgangspunkt und damit Kernpunkt für jede Projektentwicklung ist die Werteinschätzung für das fertig gestellte Projekt. Diese Aussage zeigt bereits auf, mit wie viel zusätzlichen Unsicherheiten und Unwägbarkeiten die Ermittlung eines Projektverkehrswertes gegenüber der Wertermittlung für ein bereits bebautes Grundstück belegt ist, da für die Realisierung eines Projektes i. d. R. ein Zeitraum im Bereich von Jahren benötigt wird, ein Zeitraum also, in dem sich viele Kenndaten einer Verkehrswertermittlung, ja sogar der gesamte Immobilienmarkt entscheidend verändern können. So formulierte beispielsweise die Guidance Note 3 das TIAVSC (The International Assets Valuation Standard Committee) unter der Ziffer 9[1] folgende Annahmen, die in Analogie bei einer Projektentwicklung (Ermittlung des geschätzten eingeschränkten Verkaufspreises [Estimated Restricted Realisation Price[2]]) zur Bestimmung des Verkehrswertes werden:

1. der Eigentümer verkaufswillig ist,
2. genügend Zeit - beurteilt nach Art des Verkaufsobjektes und Marktlage - für Verkaufsverhandlungen zur Verfügung steht,
3. die Werte während des Verhandlungszeitraumes stabil bleiben,
4. die Liegenschaft frei und mit ausreichender Verbreitung auf dem Markt angeboten wird,
5. kein Angebot eines Käufers mit Sonderinteresse berücksichtigt wird.

Es sollte jedoch nicht nur darauf hingewiesen werden, dass die Verkehrswertschätzung (geschätzter eingeschränkter Verkaufspreis) zum Projektende ein hohes Risiko bzw. eine große Chance für den Projektentwickler darstellt, da er die Verkehrswertschätzung nur für einen in der Zukunft liegenden Stichtag (Projektfertigstellung) ermitteln und seiner Projektrealisierungsentscheidung zugrunde legen kann; darüber hinaus ist u. a. auch darauf hinzuweisen, dass jede Verkehrswertermittlung aus statistischen und rechentechnischen Gründen mit unvermeidbaren Ungenauigkeiten in einer Größenordnung von +/- 10 bis 20 % behaftet sein kann. Die (Verkehrs-) Wertermittlung ist die unerlässliche Basis für jede Wirtschaftlichkeitsbetrachtung, gleichgültig, ob es sich um ein bebautes oder unbebautes Grundstück handelt.

Erst über eine Verkehrswertermittlung (im Projektfall: Verkehrswertschätzung zum voraussichtlichen Projektende) kann über eine anschließende Developmentrechnung (Investitionsrechnung) überprüft werden, ob das Projekt wirtschaftlich ist.

---

[1] vgl. Vogels, M. (1991)
[2] vgl. White u. a. (1999)

In Deutschland wird die Immobilienbewertung nach der „Verordnung über Grundsätze für die Ermittlung der Verkehrswerte von Grundstücken" durchgeführt, die in der Wertermittlungsverordnung – WertV vom 06.12.1988 im Bundesgesetzblatt BGBl. III 213-1-5 veröffentlich worden ist. Darüber hinaus können die Landesregierungen weitere ergänzende Bestimmungen in Form von Rechtsverordnungen erlassen.

Die WertV berücksichtigt insbesondere die folgenden Einflüsse:

- Gesamtheit der verkehrswertbeeinflussenden rechtlichen Gegebenheiten
- Beschaffenheit des Grundstücks
- Lage des Grundstücks

Maßgebend für die Ermittlung des Immobilienwertes nach der WertV ist der stichtagbezogene (statische) Verkehrswert, für den unter Berücksichtung des Grundstücksmarktes das Sachwertverfahren, das Ertragswertverfahren oder das Vergleichswertverfahren als Wertermittlungsverfahren herangezogen werden können. In der folgenden Abbildung wird der Weg bei den einzelnen Verfahren bis hin zum ermittelten Verkehrswert aufgezeigt.

Vom Bundesministerium für Verkehr, Bau- und Wohnungswesen werden ferner die Wertermittlungsrichtlinien (WertR) herausgegeben. In diesen sind Hinweise zur Ermittlung der Verkehrswerte von Grundstücken (bebaut und unbebaut), wie auch von Rechten an Grundstücken, enthalten. „Ihre Anwendung [der WertR] soll eine objektive Ermittlung des Verkehrswerts von Grundstücken nach einheitlichen und marktgerechten Grundsätzen und Verfahren sicherstellen."[1] Soweit die Anwendung angeordnet wird, ist die Verwendung der Wertermittlungsrichtlinien verbindlich.

---

[1] WertR 2002, (2002), S. 6

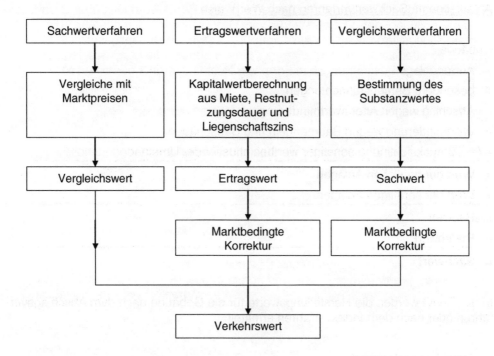

Abb. 2-1 Wertermittlungsverfahren[1]

2.1 Sachwertverfahren

Das Sachwertverfahren eignet sich besonders für bebaute Grundstücke, die nach den örtlichen Marktgegebenheiten keine Ertragsobjekte sind, also beispielsweise Ein- und Mehrfamilienhäuser oder Anlage- und Industriebauten. Es wird insbesondere zur Unterstützung und Überprüfung des Ertragswertverfahrens angewendet.[2]

Die Herstellungswerte von baulichen Anlagen werden mit dem Sachwertverfahren nach einem vorgegebenen Ablaufschema ermittelt. Der Ablauf und die Vorgehensweise mit den einzelnen Schritten können der nachfolgenden Übersicht entnommen werden.

---

[1] vgl. WertV 88
[2] vgl. Falk, B. (1994)

Ablaufschema Sachwertverfahren nach WertV 88[1]:

Gebäude

+   Außenanlagen

+   besondere Betriebseinrichtungen

-    Abschlag wegen Alterswertminderung

-    Wertminderung wegen Baumängeln und Bauschäden

+ / -   Berücksichtigung sonstiger wertbeeinflussender Umstände

= Wert der baulichen Anlagen

+ Wert der sonstigen Anlagen

= Bauwert

+ Bodenwert

= **Sachwert**

In der Regel werden die Herstellungswerte für die Gebäude nach dem Abschlagsverfahren oder nach dem Indexverfahren ermittelt.

-    Abschlagsverfahren

    Multiplikation des Bruttorauminhaltes (BRI) mit einem zeitgemäßen Marktherstellungspreis (€/m³). Hierbei sind alle qualitativen Einflussfaktoren (reine Baukosten) zzgl. der Baunebenkosten (10 – 15 %) zu berücksichtigen.

-    Indexverfahren

    Multiplikation des Bruttorauminhaltes mit dem Bauwert in DM (1913) – mit entsprechenden Zu- und Abschlägen für den entsprechenden Qualitätsstandard – sowie dem aktuellen Baukostenindex des Statistischen Bundesamtes. Dieses Verfahren wird in den Vorschriften über die Berechnung des Beleihungswertes verlangt.

---

[1] vgl. §§ 21-25 WertV 88

2.2 Ertragswertverfahren

Bei gewerblichen Immobilien liefert der Ertragswert in aller Regel den Verkehrswert. Der Ertragswert ist die Summe der Barwerte aller zukünftigen Reinerträge, die der Eigentümer nachhaltig aus seinem Grundstück erzielen kann. Dem Begriff „nachhaltig" kommt erhebliche Bedeutung zu. Beispielsweise sind auch die gezahlten Mieten auf ihre Marktfähigkeit hin zu untersuchen, auszugleichen und auch beispielsweise um die in der Mietzahlung eventuell enthaltene Umsatzsteuer zu reduzieren.

Das Ertragswertverfahren wird im Wesentlichen nach dem folgenden Ablaufschema aus der WertV 88 durchgeführt:[1]

Jahresrohertrag des Bewertungs-Objektes (§ 17 WertV 88)
- Bewirtschaftungskosten (§ 18 WertV 88)
  > Verwaltungskosten
  > Betriebskosten (nicht auf Mieter umgelegte)
  > Instandhaltungskosten
  > Mietausfallwagnis

= Jahresreinertrag
- Bodenwertverzinsung (Bodenwert x Liegenschaftszinssatz)

= Gebäudereinertrag
x Vervielfältiger
+ / - Zu- / Abschläge wegen sonstiger wertbeeinflussender Umstände

= Gebäudeertragswert
+ Bodenwert

= **Ertragswert**

Die Mieterträge stellen den mit Abstand größten Anteil des Rohertrages dar. Die entsprechenden Marktmieten können beispielsweise den folgenden Quellen entnommen werden[2]:

- Mietspiegel der Maklerverbände bzw. Mietervereine
- Marktberichte großer Makler
- Mitteilungen des Instituts für Handelsforschung an der Universität Köln (Einzelhandel)

---

[1] vgl. §§ 15-20 WertV 88
[2] vgl. Falk, B., (1994)

- Fachverbände des Handels (Einzelhandelsverband)
- Fachverbände des Handwerks (Handwerkskammern)
- Monatszeitschriften der Industrie- und Handelskammern
- Wirtschaftsbriefen
- Strukturatlas des Hautverbandes des Deutschen Einzelhandels (HDE)
- Immobilienanzeigen in regionalen/überregionalen Tageszeitungen

Die Mieterträge ergeben sich aus dem Produkt von Mieten und Flächen. Die Definition der Mietflächen ist schwierig da diese nicht genormt ist. Die Büromietflächen umfassen meist nicht nur die Nettofläche (NF) nach der DIN 277, sondern mindestens auch die horizontale oberirdische Verkehrsfläche und ggf. Treppenflächen. Maßgebend sind in jedem Fall die Festlegungen des Mietvertrages.

Die Verwaltungskosten betragen in der Regel etwa 3 – 5 % des Rohertrages. Die Verwaltungskosten könnten bei so genannten Betreiberimmobilien (z. B. Einzelhandelsimmobilien) auch deutlich höher liegen. Im Mietvertrag ist festgelegt, welche Betriebskosten der Mieter (direkte und umgelegte Betriebskosten) und der Vermieter (nicht umgelegte Betriebskosten bzw. nicht umlagefähige Betriebskosten) zu tragen haben. Die Instandhaltungskosten sind abhängig von vielen Faktoren, wie z. B. Abnutzung, Alterung, etc. Entsprechende Anhaltswerte können der einschlägigen Literatur entnommen werden. Das Mietausfallwagnis (z. B. durch uneinbringliche Zahlungsrückstände) wird üblicherweise mit bis zu 4 % des Rohertrages angesetzt.

Der Vervielfältiger ist beim Ertragswertverfahren die maßgebliche Berechnungsgröße. Er ist abhängig von der Restnutzungsdauer des Objektes und dem entsprechenden Liegenschaftszinssatz. Der Vervielfältiger berechnet sich aus der Barwertformel einer nachschüssigen Rente:

$$\text{Vervielfältiger} = \left(\frac{q}{(q+1)^n - 1} + q \right)^{-1}$$

In dieser Formel steht q für den Liegenschaftszinssatz und n für die Restnutzungsdauer des Objektes. Üblicherweise wird der Vervielfältiger entsprechenden Literaturtabellen entnommen, wie sie auch im Anhang dieses Buches zu finden sind.

Grob erläutert kann unter dem Liegenschaftszinssatz derjenige Zinssatz verstanden werden, mit dem der Verkehrswert im Durchschnitt marktüblich verzinst wird. In diesem Wert müssen sich alle wesentlichen Markteinflüsse niederschlagen. Da bereits geringe Zinsänderungen zu starken Abweichungen bei den Ertragswerten führen können, ist die Festlegung des Liegenschaftszins es bei jeder Ertragswert-

Berechnung besonders wichtig und kritisch. Daher sollten auch die in den deutschen Wertermittlungsverordnungen angegebenen Liegenschaftszinsen mit Vorsicht betrachtet werden. Gegenüber Schwankungen des Kapitalmarktes ist der Liegenschaftszins relativ unempfindlich, da der Immobilienmarkt nur geringfügig dem Kapitalmarkt anhängt und der Verkehrswert eines Objektes im hohen Maß auch vom jeweiligen Sachwert abhängt.

Einige wesentliche Parameter, die den Liegenschaftszins beeinflussen sind:

- Standort des Projektes bzw. Objektes
- Alter / Qualität des Projektes bzw. Objektes
- Größe des Projektes bzw. Objektes
- Immobilienmarktsituation
- Miethöhe im Markt- und internationalem Vergleich

Unter der Restnutzungsdauer ist die Anzahl der Jahre zu verstehen, in denen das Objekt bei ordnungsgemäßer Unterhaltung und Bewirtschaftung voraussichtlich noch wirtschaftlich genutzt werden kann. Diese Restnutzungsdauer muss nicht identisch mit der technischen Lebensdauer des Objektes bzw. einzelner Objektbestandteile, wie z. B. dem Fundament, sein.

2.3 Vergleichswertverfahren

Dieses Verfahren ist ein international übliches Verfahren, das auch in der WertV enthalten ist. Das Grundprinzip besteht darin, über Verkaufspreise von vergleichbaren Objekten zu einem markorientierten Verkehrwert zu kommen. Daher eignet sich dieses Verfahren besonders für unbebaute Grundstücke. In den Ländern, die keinen „amtlich festgelegten" Bodenwert kennen, wie z. B. Großbritannien, ist dieses Verfahren besonders geeignet. In diesen Fällen kann nur das Vergleichswertverfahren weiterhelfen, den Bodenwert zu bestimmen, um das Ertragswertverfahren überhaupt anwenden zu können.

Beim Vergleichswertverfahren wird zunächst der Grundstückszustand definiert, damit vergleichbare Grundstücke am Immobilienmarkt gefunden werden können. Im zweiten Schritt werden dann diejenigen gefundenen Vergleichspreise eliminiert, sofern eine Beeinflussung nach § 6 WertV vorliegt. Dies kann bei einem außergewöhnlichen Kauf- bzw. Verkaufsinteresse, bei verwandtschaftlicher oder wirtschaftlicher Verpflichtung der Vertragsparteien oder bei erheblichen Unterschieden bei Mieten, Bewirtschaftungskosten etc. der Fall sein.

Ferner sind Korrekturen vorzunehmen, wenn sich die Lage auf dem Grundstücksmarkt seit der Veräußerung der Vergleichsgrundstücke geändert hat. Der größte und kleinste Vergleichswert werden sodann gestrichen und aus den verbleibenden Vergleichswerten wird der Durchschnitts-Vergleichswert für das betrachtete Grundstück ermittelt, der im Allgemeinen dem Verkehrswert entspricht.

2.4 Weitere Wertermittlungsverfahren

2.4.1 Barwertverfahren

Beim Barwertverfahren werden die in Zukunft vom Bewertungsobjekt ausgehenden Zahlungsströme zu einem angemessenen Diskontsatz (Kapitalmarktzins ggf. plus Risikozuschlag) auf einen Bewertungsstichtag abgezinst, um den Barwert der Investition zu erhalten. Im englischsprachigen Raum wird das Barwertverfahren auch als Discounted Cash Flow Method (DCF) bezeichnet. Der Verkaufserlös am Ende des betrachteten Investitionszeitraumes wird anhand der geschätzten Verkaufsrendite und des projizierten Mietwertes zum Zeitpunkt der Veräußerung ermittelt und ebenfalls abgezinst. Diese Betrachtung wird meist für einen Zeitraum von 10 oder 15 Jahren angestellt. Die Barwertmethode ist eine explizite Bewertungstechnik, die als Ergebnis den internen Zinsfuß - den so genannten Internal Rate of Return (IRR) - liefert, anhand dessen die Immobilieninvestition direkt mit alternativen Anlagemedien verglichen werden kann.

Die Gleichung für den internen Zinsfuß lautet:

$$C_0 = 0 = -A_0 + \sum \ddot{u}_z (1+r)^{-1} + R_n (1+r)^{-n}$$

hierbei bedeuten:

C_0	-	Barwert
A_0	-	Kaufpreis
$\ddot{u}_z$	-	Einnahmeüberschuss
R_n	-	Verkaufspreis nach n Jahren

Die Berechnung des internen Zinsfuß ist nur iterativ möglich. Die Barwertmethode ist keine „reine" Wertermittlungsmethode, sondern mehr eine Entscheidungshilfe für den Projektentwickler bzw. für den Investor.

2.4.2 Residualwertmethode

Die Residualwertmethode wird auch „Bauträgermethode" genannt und ist insbesondere geeignet, um den Grundstückswert (bebaut oder unbebaut) in Abhängigkeit von der optimalen Ausnutzung des Grundstücks zu ermitteln. Zunächst wird der Wert der erstellbaren optimalen und städtebaulich genehmigungsfähigen Bebauung nach dem Ertragswertverfahren bestimmt.

Es werden dann sämtliche Kosten für die mögliche Bebauung (Projektentwicklung) abgezogen, einschließlich Finanzierung, Marketing, Unvorhergesehenes sowie Wagnis und Gewinn. Das Ergebnis der Rechnung ist der Brutto-Residualwert bzw. Netto-Residualwert (ohne Finanzierungskosten bzw. Erwerbsnebenkosten des Grundstückes). Es sollte jedoch bedacht werden, dass bei dieser gängigen Methode äußerste Vorsicht geboten ist, da eine hohe Sensitivität des Grundstückswertes gegenüber zeitabhängigen Eingabevariablen, dies können z. B. Mietansätze in Boom-Phasen sein, vorliegt. Richtig angewendet ist die Methode ein wichtiges und wertvolles Arbeitsmittel des seriösen Projektentwicklers.

2.5 Beispielaufgaben zur Wertermittlung

2.5.1 Beispielaufgabe 1

Problemstellung:

Ein Bürogebäude mit 4.500 m² Mietfläche ist für eine monatliche Nettokaltmiete von 15 €/m² 15 Jahre lang mit Mietbindung vermietet. Danach soll die Miete auf die heutige nachhaltig erzielbare Miete von monatlich 20 €/m² angehoben werden. Für die nachhaltige Miete liegt ein entsprechendes Gutachten vor. Da sich das Objekt in guter Lage befindet, erscheint ein Liegenschaftszins von 5,5 % angemessen. Das relativ neue Gebäude hat eine Restnutzungsdauer von 70 Jahren. Als Abschlag für die Bewirtschaftungskosten können monatlich 2 €/m² angesetzt werden.

Ermittelt werden soll der heutige Ertragswert ohne Berücksichtigung des Bodenwertes.

Lösung:

Rohertrag	4.500 m² · 20 €/m², Mon. · 12 Mon.	1.080 T€
- Bewirtschaftungskosten	4.500 m² · 2 €/m², Mon. · 12 Mon.	-108 T€
Reinertrag		972 T€

Mit Tabelle B II:	5,5 % Liegenschaftszins
(siehe Anhang)	70 Jahre Restnutzungsdauer
	→Vervielfältiger: 17,753304

Ertragswert 1:	972 T€ · 17,753304	17.256 T€

Auswirkungen Mindermiete:

Reinertrag	- (20 - 15)€/m², Mon. · 4.500 m² · 12 Mon.	-270 T€
Mit Tabelle B I:	5,5 % Liegenschaftszins	
(siehe Anhang)	15 Jahre Mindermietdauer	
	→Vervielfältiger: 10,037581	

Ertragswert 2:	-270 T€ · 10,037581	-2.710 T€

Ertragswert:	Ertragswert 1 + Ertragswert 2	
	17.256 T€ - 2.710 T€	**14.546 T€**

2.5.2 Beispielaufgabe 2

<u>Problemstellung:</u>

Ein Kaufhaus in der Stuttgarter Königstraße mit 10.000 m² Mietfläche ist langfristig (20 Jahre) an ein Modehaus vermietet. Der Mietzins beträgt für die Laufzeit des Mietvertrages fest 30 €/m², Mon. (netto kalt). Eine Studie des Einzelhandelsverbandes belegt, dass die heutige nachhaltig erzielbare Miete etwa 20 €/m², Mon. beträgt.

Was würden Sie als Kaufpreis bezahlen, wenn man annimmt, dass heute marktüblich etwa 10 % der Mieten für Bewirtschaftungskosten anzusetzen sind, die Erwerbsnebenkosten etwa 5 % betragen, der Liegenschaftszins mit 5 % und die Restnutzungsdauer mit 80 Jahren angesetzt werden kann (ohne Berücksichtigung des Bodenwertes)?

<u>Lösung:</u>

Rohertrag	20 €/m², Mon. · 10.000 m² · 12 Mon.	2.400 T€
- Bewirtschaftungskosten	- 0,1 · 2.400 T€	-240 T€
Reinertrag		2.160 T€

Mit Tabelle A II:	5 % Liegenschaftszins	
(siehe Anhang)	80 Jahre Restnutzungsdauer	
	→Vervielfältiger: 19,596460	
Ertragswert 1:	2.160 T€ · 19,596460	42.328 T€

Auswirkungen Mehrmiete (Overrenting):

Rohertrag:	(30-20) €/m², Mon. · 10.000 m² · 12 Mon.	1.200 T€
- Bewirtschaftungskosten	- 0,1 · 1.200 T€	-120 T€
Reinertrag		1.080 T€

Mit Tabelle B I:	8,5 % Liegenschaftszins	
(siehe Anhang)	inkl. Sicherheitszuschlag (z.B. Mieterkonkursrisiko)	
	20 Jahre Mehrmietdauer	
	→Vervielfältiger: 9,463337	

Ertragswert 2:	1.080 T€ · 9,463337	10.220 T€

Ertragswert	Ertragswert 1 + Ertragswert 2	
	42.328 T€ + 10.220 T€	52.548 T€

In diesem Fall:	Verkehrswert = Ertragswert

→ **Kaufpreis:**	52.548 T€ / 1,05	**50.046 T€**

Die Erwerbsnebenkosten von 5 % müssen beim Kaufpreis berücksichtigt werden!

Zusatzfrage:

Wie ändert sich der Ertragswert, wenn als Bodenwert 2.000 m² à 12.500 €/m² angesetzt werden sollen?

Lösung:

Rohertrag		2.400 T€
Reinertrag		2.160 T€
- Bodenwertverzinsung	2.000 m² · 12.500 €/m² · 0,05	-1.250 T€
Gebäudereinertrag		910 T€
Gebäudeertragswert	910 T€ · 19,596460	17.833 T€
zzgl. Bodenwert	2.000 m² · 12.500 €/m²	25.000 T€
Ertragswert 1		42.833 T€

Auswirkungen Mehrmiete:

Ertragswert 2	wie oben berechnet	10.220 T€

Ertragswert	Ertragswert 1	+	Ertragswert 2	
	42.833 T€	+	10.220 T€	**53.053 T€**

Abweichung gegenüber vorheriger Rechnung ohne Bodenwert:

Abweichung	(53.053 T€ - 52.548 T€ · 100)/52.548 T€	~ 1 %

2.5.3 Beispielaufgabe 3

Problemstellung:

Ein Büroobjekt in Eschborn war nach den Verhandlungen reif zur Mietvertragsunter-zeichnung. Dem Investor und Projektentwickler war es gelungen, das Projekt auf der Basis eines 15-jährigen Mietvertrages und einer Büromiete von 18 €/m², Mon. an die hochbonitäre Unternehmung IQ zu vermieten. Kurz vor der Unterzeichnung schreiten die Gesellschafter von IQ ein und sind nur noch bereit, einen 10-jährigen Mietvertrag und eine Büromiete von 17 €/m², Mon. zu akzeptieren.

Wie viel Prozent Verkehrswertreduktion ergeben sich aus dieser Forderung?

Weitere Objektdaten:

Bürofläche:	15.000 m² Mietfläche

Stellplätze	
Anzahl:	150 Stck.
Miete:	75 €/Stck., Mon.

Marktmiete:	15 €/m², Mon. (nachhaltige Miete)

Bewirtschaftungskosten:	8 % der Rohmiete

Restnutzungsdauer:	70 Jahre (= Lebensdauer)

Liegenschaftszins: 6 %

Risikozuschlag: 2 % (für Mehrmiete auf Liegenschaftszinssatz)

Der Einfluss der Bodenwertes ist zu vernachlässigen.

Lösung:

Ursprünglicher Verkehrswert

Rohertrag	15.000 m² · 15 €/m², Mon. · 12 Mon.	2.700 T€
	150 Stck. · 75 €/Stck., Mon. · 12 Mon.	135 T€
- Bewirtschaftungskosten	- 2.835 T€ · 0,08	- 227 T€
Reinertrag:		2.608 T€

Mit Tabelle B II:	6 % Liegenschaftszins
(siehe Anhang)	70 Jahre Restnutzungsdauer
	→Vervielfältiger: 16,384544

Ertragswert 1:	2.608 T€ · 16,384544	**42.731 T€**

Auswirkungen Mehrmiete (Overrenting):

Rohertrag:	15.000 m² · (18 - 15) €/m², Mon. · 12 Mon.	540 T€
- Bewirtschaftungskosten	- (540 T€ · 0,08)	- 43 T€
Reinertrag:		497 T€

Mit Tabelle B I	6 % Liegenschaftszins
(siehe Anhang)	2 % Risikozuschlag
	→8 % Kapitalzins
	15 Jahre Restnutzungsdauer
	→Vervielfältiger: 8,559479

Ertragswert 2:   497 T€ · 8,559479   4.254 T€

Vorher-Ertragswert (Verkehrswert):   46.985 T€

<u>Neuer Verkehrswert</u>

Ertragswert 1:   **42.731 T€**

Auswirkungen verringerte Mehrmiete (Overrenting):

Rohertrag:	15.000 m² · (17 - 15) €/m², Mon. · 12 Mon.	360 T€
- Bewirtschaftungskosten	- (360 T€ · 0,08)	-29 T€
Reinertrag:		331 T€

Mit Tabelle B I: 6 % Liegenschaftszins

2 % Risikozuschlag

→8 % Kapitalzins

10 Jahre Restnutzungsdauer

→Vervielfältiger: 6,710081

Ertragswert 2:   331 T€ · 6,710081   **2.221 T€**

Nachher-Ertragswert (Verkehrwert):   **44.952 T€**

Prozentuale Reduktion: (46.985 T€ - 44.952 T€) / 46.985 T€ · 100 %   **4,30%**

2.5.4 Beispielaufgabe 4

Problemstellung:

Sie können ein unbebautes Grundstück in einem Mischgebiet kaufen. Die GFZ beträgt 2,0, das Grundstück hat eine Fläche von 3.000 m². Der Bodenrichtwert beträgt 1.000 €/m². Zwei Bauträger bewerben sich um das Grundstück, das der Verkäufer an den Meistbietenden verkaufen will.

Der erste Bauträger möchte auf dem Grundstück ein Büro- und Geschäftshaus bauen, für das er laut Gutachten 15 €/m², Mon. als Miete realisieren kann. Die Realisierungskosten (Bau-, Baunebenkosten, Marketing, etc.) betragen ca. 1.400 €/m² BGF (Mietfläche/BGF = 0,85). Er kann einen günstigen Kredit zu einem Zinssatz in Höhe von 5 % erhalten, weswegen er keinen Realisierungsgewinn aus der Projektentwicklung ziehen darf. Der Liegenschaftszins kann mit 6 %, die Bewirtschaftungskosten können mit 8 % der Miete angesetzt werden.

Der zweite Bauträger möchte ein hochqualitatives Bürohaus mit Ladenlokal bauen. Er kann daher ein Verhältnis Mietfläche/BGF von 0,80 realisieren. Die Realisierungskosten (Bau-, Baunebenkosten, Marketing) betragen ca. 1.600 €/m² BGF. Er hat einen Mieter, der langfristig die 70 % Bürofläche zu 15 €/m², Mon. und die 30 % Ladenfläche zu 30 €/m², Mon. mieten will. Der Bauträger finanziert sein Projekt mit 7 % und möchte 500 T€ Gewinn realisieren. Der Liegenschaftszins kann mit 6 %, die Bewirtschaftungskosten können mit 10 % der Miete angesetzt werden.

In beiden Fällen kann die Restnutzungsdauer mit 80 Jahren und die Bauzeit mit 2 Jahren angesetzt werden. Die Erwerbsnebenkosten betragen 5 %.

Wer wird das höchste Gebot abgeben?

<u>Lösung:</u>

Nach Residualwertverfahren:

Mietfläche A:	3.000 m² · 2,0 · 0,85	= 5.100 m²
Mietfläche B:	3.000 m² · 2,0 · 0,80	= 4.800 m²

		Bauträger	
		A	B
Mieten:	15 €/m², Mon. · 12 Mon. · 5.100 m²	918 T€	
	15 €/m², Mon. · 12 Mon. · 4.800 m² · 0,7		604,8 T€
	30 €/m², Mon. · 12 Mon. · 4.800 m² · 0,3		518,4 T€
Rohertrag:		918 T€	1.123,2 T€
- Bewirtschaftunsgkosten	- (918 T€ · 0,08)	-73,4 T€	
	- (1.1234,2 T€ · 0,10)		-112,3 T€
Reinertrag		844,6 T€	1.010,9 T€
- Bodenwertverzinsung	- (3.000 m² · 1.000 €/m² · 0,06)	-180 T€	-180 T€
Gebäudereinertrag		664,6 T€	830,9 T€

Mit Tabelle BII:	6 % Liegenschaftszins	
	80 Jahre Restnutzungsdauer	
	=> Vervielfältiger: 16,509131	

Gebäudeertragswert:	Gebäudereinertrag · 16,509131	10.972 T€	13.717 T€
Bodenwert:	3.000 m² · 1.000 €/m²	3.000 T€	3.000 T€
Ertragswert		13.972 T€	16.717 T€
- Realisierungskosten	- (1.400 €/m² · 3.000 m² · 2,0)	- 8.400 T€	
	- (1.600 €/m² · 3.000 m² · 2,0)		- 9.600 T€
- Finanzierung für halbe Bauzeit	- (8.400 T€ · 0,05)	- 420 T€	
	- (9.600 T€ · 0,07)		- 672 T€
- Gewinn			- 500 T€
Residualwert (brutto):		5.152 T€	5.945 T€
Umrechung auf netto:	- (5 % + 2 · 5 %) · 5.152 T€	-772,8 T€	
	- (5 % + 2 · 7 %) · 5.945 T€		-1.129,6 T€
Residualwert (netto)		4.379,2 T€	4.815,4 T€

=> Der Bauträger B wird das höchste Gebot abgeben.

Sofern als Kaufpreis ein Betrag weit über dem Bodenrichtwert, in diesem Fall 3.000 T€, geboten wird, ist eine Iterationsrechnung zur Ermittlung des exakten Verkehrswertes durchzuführen.

2.5.5 Beispielaufgabe 5

Problemstellung:

Sie sind Besitzer eines regionalen 60.000 m² großen Shopping Centers in der Nähe von Leipzig. Das Shopping Center wurde vor 10 Jahren kurz nach der Wiedervereinigung als regionales Shopping Center konzipiert. Die 12-jährigen Mietverträge der ca. 50 Mieter laufen insofern alle 2004 aus. Die Mieter haben klar zu erkennen gegeben, dass sie alle ausziehen werden, wenn Sie als Besitzer keine Revitalisierung des Shopping Centers durchführen werden. In einer Feasibility Study hat ein Consultant Ihnen grundsätzlich die folgenden zwei Revitalisierungsalternativen aufgezeigt:

A) Das Shopping Center wird bei Beibehaltung der Mieterzahl weiter als regionales Shopping Center betrieben, aber baulich erheblich modernisiert

B) Das Shopping Center wird bei gleich bleibender Mietfläche, aber auf 200 gesteigerter Mieterzahl zum überregionalen, hochattraktiven Shopping Center umgebaut, so dass die Mieten erheblich gesteigert werden können.

Beide Revitalisierungsmaßnahmen dauern unter laufendem Betrieb gleich lange (ca. 3 Jahre). Auf eine Berücksichtigung des Bodenwertes bei der Verkehrswertermittlung können Sie verzichten.

Wertkenndaten für das heute bestehende Shopping Center:

Mietertrag jährlich:	7,0 Mio. €
Liegenschaftszins:	6 %
Lebensdauer Shopping Center:	70 Jahre
Alter des Shopping Centers:	10 Jahre
Bewirtschaftungskosten:	10 % der Rohmiete

Kenndaten der Revitalisierungsalternative A (regionales Shopping Center):

Zukünftiger jährlicher Mietrohertrag:	6,0 Mio. €
Liegenschaftszins nach Revitalisierung:	6 %
Lebensdauer nach Revitalisierung:	70 Jahre
Bewirtschaftungskosten:	10 % der Rohmiete
Developmentkosten der Revitalisierung (ohne heutigen Verkehrswert):	20 Mio. €

Kenndaten der Revitalisierungsalternative B (überregionales Shopping Center):

Zukünftiger jährlicher Mietrohertrag:	14,0 Mio. €
Liegenschaftszins nach Revitalisierung:	5 %

Lebensdauer nach Revitalisierung: 80 Jahre

Bewirtschaftungskosten: 10 % der Rohmiete

Developmentkosten der Revitalisierung

(ohne heutigen Verkehrswert):   130,0 Mio. €

Ermitteln Sie die Wertberichtigung bzw. den Projektrealisierungsgewinn in den Alternativen A und B. Welche Alternative hat somit die Feasibility Study zur Umsetzung empfohlen?

Lösung

Ermittlung des heutigen Verkehrswertes:

Jahresrohertrag	7,0 Mio. €
- Bewirtschaftungskosten 10%	-0,7 Mio. €
Jahresreinertrag	6,3 Mio. €

Mit Tabelle B II: 6,0% Liegenschaftszins

(siehe Anhang)   Restnutzungsdauer 70-10 = 60 Jahre

→Vervielfältiger: 16,161428

Ertragswert: 6,3 Mio. € · 16,161428   101,8 Mio. €

Revitalisierungsalternative A:

Jahresrohertrag	6,0 Mio. €
- Bewirtschaftungskosten 10%	-0,6 Mio. €
Jahresreinertrag	5,4 Mio. €

Mit Tabelle B II: 6% Liegenschaftszins

(siehe Anhang)   Restnutzungsdauer 70 Jahre

→Vervielfältiger: 16,384544

Ertragswert A: 5,4 Mio. € · 16,384544   88,5 Mio. €

Der Ertragswert A entspricht dem zukünftigem Verkehrswert.

Wertberichtigung:

= Verkehrswert zukünftig -   Verkehrswert heute   -   Developmentkosten

= 88,5 Mio. €   -   101,8 Mio. €   -   20 Mio. €

= - 33,3 Mio. €

Revitalisierungsalternative B:

Jahresrohertrag	14,0 Mio. €
- Bewirtschaftungskosten 10%	-1,4 Mio. €
Jahresreinertrag	12,6 Mio. €

Mit Tabelle A II: 5% Liegenschaftszins

(siehe Anhang)   Restnutzungsdauer 80 Jahre

→Vervielfältiger: 19,596460

Ertragswert B: 12,6 Mio. € · 19,596460   246,9 Mio. €

Projektrealisierungsgewinn:

= Verkehrswert zukünftig   -   Verkehrswert heute   -   Developmentkosten

= 246,9 Mio. €   -   101,8 Mio. €   -   130,0 Mio. €

= 15,1 Mio. €

→ Die Feasibility Study wird die Alternative B empfehlen.

<u>Zusatzfrage:</u>

Unterhalb welcher Jahresrohmiete in Revitalisierungsalternative B wird die Revitalisierungsalternative A sinnvoller?

$$\triangle \text{ Ertragswert} = \text{Wertberichtigung} + \text{Realisierungsgewinn}$$
$$= 33,3 \text{ Mio. } € + 15,1 \text{ Mio. } €$$
$$= 48,4 \text{ Mio. } €$$

$$\triangle \text{ Ertragswert} = \triangle \text{ Jahresreinmiete} \cdot 19,596460$$

$$\rightarrow \quad \triangle \textit{Jahresreinmiete} = \frac{48,4 \textit{ Mio.}€}{19,596460} = 2,47 \textit{Mio. } €$$

$$\triangle \textit{Jahresrohmiete} = \frac{2,47 \textit{ Mio. } €}{0,9} = 2,7 \textit{Mio. } €$$

Erst unterhalb einer Jahresrohmiete von 14 Mio. € - 2,7 Mio. € = 11,3 Mio. € wird die Revitalisierungsalternative A sinnvoller.

3 Bedarfsgerechte Projektentwicklung

In der Immobilienwirtschaft kann eine Projektentwicklung – gleich ob eigengenutzt oder vermietet – nur bedarfgerecht sein, wenn sie marktgerecht ist.

„Wer sich nicht nach dem Markt richtet, wird vom Markt bestraft."

Als markgerecht kann eine Immobilie bezeichnet werden, wenn sie den folgenden Marktkriterien optimal entspricht:

- Timing
- Standort
- Nutzflächenstruktur
- Qualität
- Quantität / Entwicklungspotential
- Fungibilität (Drittverwendungsfähigkeit)
- Wirtschaftlichkeit

Der Erfolg einer Projektentwicklung zeigt sich erst dann, wenn die Immobilie vom Projekt zum genutzten Objekt wird, d. h. wenn diese im Investorenfall vermietet worden ist. Dies gilt auch für die eigen genutzte Immobilie, da in ihr mindestens eine „Investitionsmiete" erwirtschaftet werden muss. In der Immobilienwirtschaft stellt eine Immobilie letztlich die Produktionsanlage dar, bei der der Unternehmer durch den Investor dargestellt wird und der Unternehmensgewinn mit der „Produktionsanlage" in Form von laufendem Ertrag (Miete) und außerordentlichem Ertrag durch Wertzuwachs geschaffen wird.

In aller Regel kann der Wertzuwachs erst im Veräußerungsfall realisiert werden. Im Falle der Identität von Projektentwickler und Langfristinvestor kann der Zeitraum bis zur Realisierung eines Wertzuwachses „unendlich" werden. Damit beispielsweise Anteilsscheininhaber an Immobilienfonds – unabhängig von der Veräußerung der Immobilie – den (steuerfreien) Wertzuwachs realisieren können, erfolgt die zeitanteilige Realisierung des Wertzuwachses z. B. bei Offenen Immobilienfonds über den gestiegenen Anteilsscheinwert entsprechend den fortgeschriebenen Verkehrswerten.

3.1 Timing

In den ersten Jahrzehnten nach dem Zweiten Weltkrieg war die nationale Projektentwicklung im Wesentlichen von den folgenden Merkmalen geprägt:

- Eigennutzung, weniger marktorientiertes Denken
- Extremes Kosten- und Qualitätsdenken (überzogene Qualität ↔ Minimum an Kosten)
- Mieten stiegen sowohl im Wohnbereich als auch im gewerblichen Bereich mehr oder weniger stetig.
- Schnelles zur Verfügungsstehen war wichtiger als langfristig und nachhaltig orientiertes Nutzungsdenken.

Noch in den achtziger Jahren war in der deutschen Projektentwicklung (Immobilienwirtschaft) das standortorientierte Denken dominant. Erst die zunehmende Internationalisierung, die Volatilität der Zins- und Kapitalmärkte, insbesondere der große Einbruch der Mieten Anfang der neunziger Jahre im gewerblichen Bereich, wie auch an Top-Standorten, zeigte immer deutlicher auf, dass die Bedeutung des richtigen und optimalen Zeitpunktes für den Beginn einer Projektentwicklung (Timing) nicht länger unterschätzt werden durfte. Deshalb muss ein professioneller, marktorientierter Projektentwickler vor Beginn der Projektentwicklung unter dem Gesichtspunkt des richtigen Timings u. a. einen umfangreichen Market Research durchführen. Dieser Market Research sollte insbesondere die folgenden Punkte ausführlich betrachten:

- Mieten
- (Ertrags-) Renditen
- Leerstände
- Geplante Neuflächenproduktion

Im Falle von grenzüberschreitenden Projektentwicklungen können hier noch weitere Aspekte Gegenstand notwendiger Marktforschung sein, wie z. B. die Zinsentwicklung und die Devisenkursentwicklung.

Die genannten Research-Themen zeigen deutlich auf, dass trotz intensivem Market Research die Prognose der zukünftigen Entwicklung dieser Größen besonders wichtig, aber auch besonders schwierig ist. Es kann nicht genügend darauf hingewiesen werden, dass Erfolg und Misserfolg einer Projektentwicklung von der Qualität der Prognose von zukünftigen Mieten, Renditen etc. abhängt. Da eine Projektentwicklung normalerweise mehrere Jahre dauert, ist dies umso mehr der Fall. Aufgrund der im Allgemeinen zyklischen Entwicklung von Immobilienmärkten ist es durchaus eine gängige Faustformel, dass eine Projektentwicklung antizyklisch gestartet werden sollte.

Auf den nachfolgenden Abbildungen sind die Miet- und Renditeerwartungen typischer Immobilienmärkte (Hongkong, London und Frankfurt) dargestellt. Zurückblickend lässt sich leicht feststellen, dass eine im Jahr 1994 und 1997 in Hongkong, eine im Jahr 1990 in London und eine im Jahr 1991 in Frankfurt realisierte Projektentwicklung einen dramatischen Werteverfall in der anschließenden Zeit hätte erdulden müssen. Hingegen wäre eine Projektentwicklung, die 1989 oder 1999 in Hongkong, 1993 in London und 1999 in Frankfurt antizyklisch realisiert wurde, unter Timing-Gesichtspunkten wohl positiv zu werten. Dies bedeutet nicht, dass ein Projektent-wicklungsbeginn nur an diesen Zeitpunkten sinnvoll gewesen wäre. Ein Beginn zu einem anderen Zeitpunkt kann durchaus sinnvoll sein, aber nicht, wenn die Deve-lopmentrechnung nur dann aufgeht, wenn die Miet- und Renditeansätze „aggressiv" angesetzt wurden, also kein „Puffer" in der Developmentrechnung vorhanden sind.

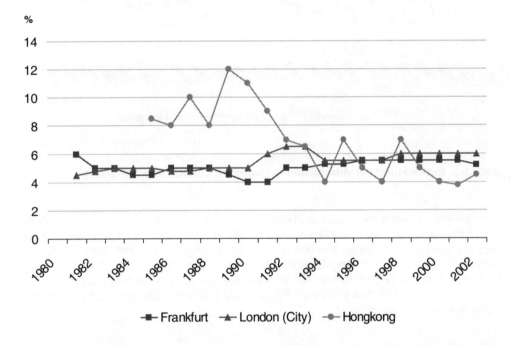

Abb. 3-1   Entwicklung der Nettoanfangsrenditen in Frankfurt, London und Hongkong[1]

---

[1] Deka Immobilien Investment GmbH, Frankfurt am Main

€/m², Mon.

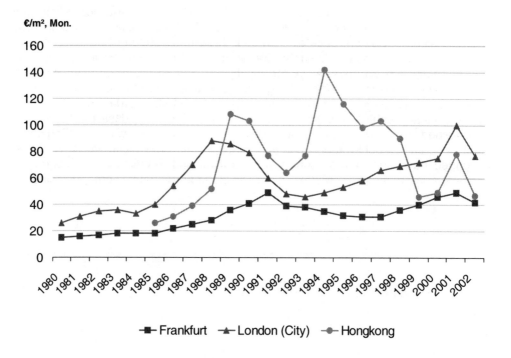

Abb. 3-2 Entwicklung der Büromieten in Frankfurt, London und Hongkong[1]

Die richtige Einschätzung eines Immobilienzyklus in der Zukunft ist das entscheiden-de Kriterium für den richtigen Start der Projektentwicklung unter Timing-Gesichtspunkten. Teilweise werden auch andere Begriffe für den Immobilienzyklus verwendet, wie z. B. der Begriff „Schweinezyklus". Der Begriff des „Schweinezyklus" ist aus dem cobweb-Theorem entlehnt, dass aus der Agrarwirtschaft stammt. Wie ein Immobilienzyklus mit den einzelnen Phasen abläuft, kann der nachstehenden Abbildung entnommen werden.

---

[1] Deka Immobilien Investment GmbH, Frankfurt am Main

Phasen des Immobilienzyklus

		Flächen-nachfrage	Absorption	Neufläche-bestands-zuwachs	Mieten	Leerstand
	Überbauung	↓	↓	↑↑	↓	↑
	Markt-bereinigung	↓↓	↓□	↑	↓↓	↑↑
	Marktstabi-lisierung	↗	↑	↓	↗	↓
	Projekt-entwicklung	↑↑	↑↑	↓↓	↑	↓↓

Legende (Phasen im Zeitablauf):
↑↑ = stark zunehmend
↑ = zunehmend
↓ = abnehmend
↓↓ = stark abnehmend
↓□ = abnehmend / konstant
↗ = langsam zunehmend

Abb. 3-3   Phasen des Immobilienzyklus[1]

Erwartungen im Immobilienzyklus

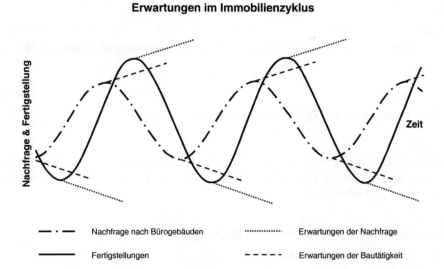

Nachfrage & Fertigstellung — Zeit

— · — Nachfrage nach Bürogebäuden
——— Fertigstellungen
················· Erwartungen der Nachfrage
– – – – Erwartungen der Bautätigkeit

Abb. 3-4   Erwartungen an den Immobilienzyklus[2]

[1] Rottke, N., Wernecke, M., Teil 5, (2001)
[2] Rottke, N., Wernecke, M., Teil 3, (2001)

Bei der Suche nach exogenen Gründen für Immobilienursachen lässt sich eine erstaunliche Relation zu konjunkturellen Ursachen herstellen. An der nachstehenden Abbildung beim Vergleich der Arbeitslosigkeit und der Spitzenmieten, kann dies am Beispiel der Stadt Frankfurt verdeutlicht werden.

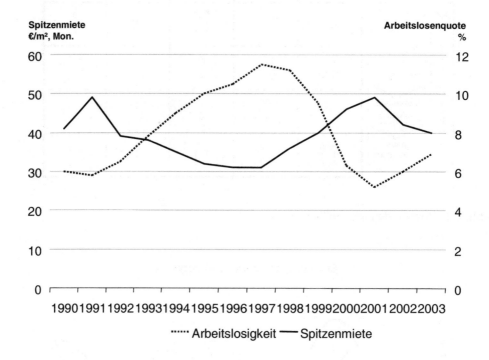

Abb. 3-5   Verlauf Arbeitslosigkeit / Spitzenmieten in Frankfurt[1]

Das wichtigste „Gegenmittel" ist unter Timing-Gesichtspunkten in der Projektentwicklung das **„Antizyklische Verhalten"**. Dieses wird durch folgende vier Merkmale gekennzeichnet und erleichtert:

- Investieren „gegen die herrschende Meinung"
- Ökonomische Frühindikatoren
- Hohe Eigenkapitaldecke
- Größe des Unternehmens

Ein weiterer Punkt ist die Frage der Finanzierung durch die Banken. Dieser ist jedoch „kritisch" zu sehen, da er eher als unberechenbar anzunehmen ist.

---

[1] Deka Immobilien Investment GmbH, Frankfurt am Main

3.2 Standort

Befragt man einen Immobilienspezialisten, welche drei Hauptfaktoren den Wert einer Immobilie beeinflussen, so lautet die Antwort:

1. Lage
2. Lage
3. Lage

Dies ist natürlich eine unerlaubte Simplifizierung. Dennoch ist der Standort einer Immobilie von hoher Bedeutung. Entscheidend für den Immobilienstandort sind die Makrolage, die Mikrolage und das Grundstück. Die im Folgenden abgebildeten Checklisten sollen am Beispiel eines Büroprojektes den Untersuchungsumfang hinsichtlich des Standortes aufzeigen.

3.2.1 Checkliste Makrolage

Der Begriff Makrolage umfasst das Land, die Region, die Stadt, die allgemeine Angebots-, Absatz- und Nachfragesituation. Die einzelnen Punkte sind jeweils zu untersuchen, mit + oder − zu bewerten und/oder ggf. gewichtet zu bewerten.

- Flughafen
- Bahnanschluss (ICE/IC)
- Autobahnnetz
- Bevölkerungsstruktur
- Kaufkraft
- Arbeitspotential
- Wirtschaftsschwerpunkte
- Freizeitwert und Umgebung
- Wirtschaftsförderung / Gewerbesteuerhebesatz
- Politische Situation
- Behörden

3.2.2 Checkliste Mikrolage

Der Begriff Mikrolage umfasst wie bei der Makrolage die Gemeinde, den Stadtteil und die Sub-Zentren. Die einzelnen Punkte sind jeweils zu untersuchen, mit + oder – zu bewerten und/oder ggf. gewichtet zu bewerten.

- Entfernungen zu:
    - Flughafen
    - Autobahn
    - Bahnhof (Nah- und Fernverkehr)
    - City
    - Messe
    - Wohngebiete
    - Erholungsgebiete
    - Nahversorgung
    - Behörden
- Bevölkerung in der Nachbarschaft
- Gewachsenes oder Entwicklungsgebiet
- Nähe zu Geschäftspartnern
- Arbeitskräfte
- Infrastruktur
- Nähe zu Hotels

3.2.3 Checkliste Grundstück

Der Begriff Grundstück umfasst wie Makro- und Mikrolage den Boden ohne Projekt-bebauung (ggf. mit Altbebauung). Die einzelnen Punkte sind jeweils zu untersuchen, mit + oder – zu bewerten und ggf. gewichtet zu bewerten.

- Grundstücksgröße
- Entwicklungszustand
- Beschaffenheit (Topographie)
- Altlasten
- Baugrundverhältnisse
- Bestehende Aufbauten – Nutzung
- Aufwand für Freimachen und Herrichten
- Eigentumsverhältnisse / Grundbuch / Baulastenverzeichnis

- Erschließung:
  - Ver- und Entsorgung (Wasser, Abwasser, Heizwärme, Strom, etc.)
  - Zu- und Abfahrt, Wegerechte
  - Anschluss an Kommunikationssysteme
- Baurecht:
  - Bauleitplanung (B-Plan)
  - Verbindliches Baurecht
  - Art und Maß der baulichen Nutzung
  - Bauweise
  - Denkmalschutz für bestehende Aufbauten
  - Stellplätze
- Auflagen:
  - Zahlung Ablösesumme Stellplätze
  - Sonstige
- Grundstückskaufpreis und Erwerbsnebenkosten

Beim Grundstück ist zu beachten, dass neben den Eintragungen im Grundbuch auch die Eintragungen im Baulastenverzeichnis analysiert werden. Im Baulastenverzeichnis werden insbesondere solche Rechte eingetragen, welche die Baugenehmigungsbehörde für die Erteilung einer Baugenehmigung braucht. Typische Eintragungen in einem Baulastenverzeichnis sind Vorfahrtsrechte, Wegerechte und baurechtlich notwendige Grenzabstände. Würden solche Rechte nur im Grundbuch eingetragen sein, so könnte der Grundstückseigentümer diese Rechte löschen lassen, ohne dass die Baugenehmigungsbehörde hierauf Einfluss hätte.

Die Wahl des Standortes hat große Auswirkungen auf die Wirtschaftlichkeit und die Risiken einer Immobilieninvestition. Als Faustregel kann gesagt werden, dass je höher das Wertsteigerungspotential (guter Standort) desto weniger Anfangsrendite akzeptiert werden kann. Je niedriger das Wertsteigerungspotential (schlechter Standort), desto höher sollte die Anfangsrendite liegen.

Einen guten Ansatz (in Textform mit Grafiken), um systematisch Standortkriterien zu überprüfen, stellt beispielsweise die seit 1992 in den Niederlanden eingeführte „REN-Norm" (Real Estate Norm - Method for advising on and evaluating office locations and office buildings) dar. Analog zu den Bürogebäuden wäre für andere Immobilienarten bzw. –nutzungen vorzugehen. Wie sehr ein guter Standort entscheidend sein kann, zeigt der Vergleich der nachfolgenden Abbildungen von 158 Städten in den alten Bundesländern und in der darauf folgenden Abbildung, in denen der jeweilige Wertzuwachs von Verkaufsflächen in 158 Städten der alten Bundesländer mit der Wertsteigerung von Verkaufsflächen in Düsseldorf verglichen wird.

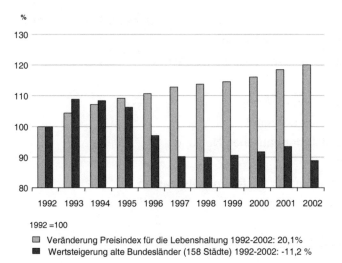

Abb. 3-6 Wertzuwachs in der „1a-Lage" in Prozent (kumulativ), Durchschnitt für 158 Städte Westdeutschlands[1]

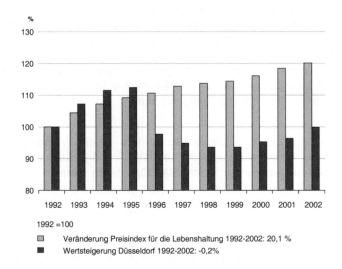

Abb. 3-7 Düsseldorf – Wertzuwachs in der „1a-Lage" in Prozent (kumulativ)[2]

[1] Kemper
[2] Kemper

Bemerkenswert ist die Erkenntnis, dass die Wertveränderungen einer Verkaufsfläche infolge veränderter Markmieten im Zeitraum 1992 bis 2000 nicht mit der Veränderung des Lebenshaltungskostenindex Schritt halten konnten. Die Wertentwicklung verläuft umso positiver, wenn sich die Verkaufsflächen an einem Top-Standort befinden. Weiterhin verläuft die Wertsteigerung der Verkaufsfläche in „1a-Lage" an einem erstklassigen Standort (Beispiel Düsseldorf) deutlich positiver als im Durchschnitt in Deutschland (alte Bundesländer).

Einerseits können hervorragende Standorte eine außergewöhnliche Wertsteigerung erfahren, andererseits jedoch aber auch empfindliche Rückschläge erleiden. Die nachfolgenden Abbildungen verdeutlichen dies an den Beispielen der Leipziger, Frankfurter, Münchener und Londoner Bürospitzenmieten.

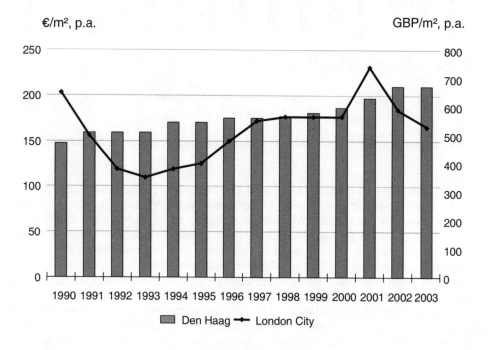

Abb. 3-8 Bürospitzenmieten in London (City) und Den Haag[1]

---

[1] Deka Immobilien Investment GmbH, Frankfurt am Main

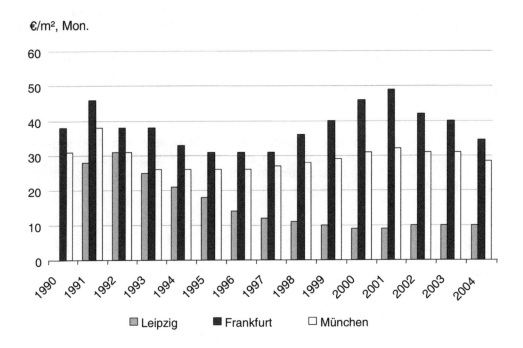

€/m², Mon.

Abb. 3-9 Entwicklung der Büro-Spitzenmieten in Leipzig, Frankfurt a. M. und München[1]

Eine 1990 und 2001 in London, 1991 und 2001in London (City), 1991 und 2001 in München oder Frankfurt begonnene Projektentwicklung im Bürobereich war dann risikoreich, wenn als nachhaltige Mieten die aktuellen Spitzenmieten der Boomphase in diesen Städten angesetzt wurden. Eine Projektentwicklung in den frühen achtziger Jahren oder auch heute ist hier weitaus risikoloser und hat von einem erheblichen Wertsteigerungspotential durch den Mietenanstieg profitiert bzw. profitieren können. Der Standort einer Immobilie prägt unabhängig von den zeitabhängigen Ertragspotentialen auch die Marktkenndaten: Grundstückskosten und Baupreise und dies überwiegend analog/proportional zu den Ertragskenndaten. Ein typisches Beispiel eines mit wesentlich weniger extremen Hochs und Tiefs ausgestatteten Mietverlaufs ist Den Haag. Dieser Verlauf ist typisch für die Niederlande und insbesondere auf eine ausgeprägtere bedarfsgerechte Versorgung des Marktes mit neuen zusätzlichen Flächen zurückzuführen.

---

[1] Deka Immobilien Investment GmbH, Frankfurt am Main

3.3 Nutzflächenstruktur

Der Immobilienmarkt hat sich in den letzten Jahren erheblich gewandelt. Der ständige Wandel vom Verkäufer- zum Käufermarkt und umgekehrt zwingt den Projektentwickler ständig, sich in die Situation eines Anlegers bzw. Nutzers zu versetzen, um ein markt-adäquates Angebot zu offerieren und vorzuhalten. Insofern kommt der frühen Überlegung hinsichtlich der Nutzflächenstruktur einer Projektentwicklung immer mehr Bedeutung zu. Unter Nutzflächenstruktur ist nicht mehr nur das monofunktionale oder maximierte Flächenprogramm zu verstehen, wie beispielsweise die Wohnungsplattenbauten der ehemaligen DDR oder die kalten Bürogebäudelandschaften der 60er und 70er Jahre, sondern eine ausgewogene, flexible und multifunktionale Nutzflächenstruktur, die entweder als Ersatz einer nicht vorhandenen Stadtplanung oder als Ergänzung bzw. Modifikation einer bestehenden Stadtplanung im Sinne eines marktgerechten Masterplans fungiert.

Einige Beispiele hierfür sind:

- Das „typische" mehrfunktionale Geschäftshaus, in dem Einzelhandel und/oder Gastronomie und/oder sonstige Dienstleistungen sowie Büros, Praxen und eventuell Wohnungen untergebracht sind.
- Innerstädtische Einkaufspassagen, Galerien, Einkaufshöfe mit Büro- und/oder Praxisräumen mit oder ohne kommerzielle Parkhäuser bzw. Tiefgaragen (z. B. in Form von Stadtquartieren)
- Hotels in Verbindung mit einer Ladenpassage, Kongress-Zentrum, Boarding House, Büroetage, etc.
- Innerstädtische oder stadtperiphere Einkaufszentren, ergänzt um Fachmärkte, Freizeiteinrichtungen, Dienstleistungen, Büroetage, Hotels, Kongress-Zentren etc.
- Der stadtperiphere Gewerbepark mit einem ausgewogenen Angebot an Büro-, Service-, Lager- und Parkflächen, ergänzt um Einkaufsgelegenheiten für den „täglichen Bedarf" der Beschäftigten in den Gewerbeparks.

Es ist jedoch anzumerken, dass mehrfunktionale Gewerbeimmobilien aufgrund der gesetzlichen Restriktionen in aller Regel nur in so genannten Mischgebieten, Kerngebieten sowie eigens hierfür ausgewiesenen Sondergebieten angeordnet werden können. In Deutschland wird zukünftig - insbesondere auch aus Gründen wachsenden Umweltbewusstseins (Flächenverbrauch und -versiegelung) - die Umwidmung von Altflächen eine erhebliche Rolle spielen.

Beispiele für damit verbundene Nutzflächenstrukturveränderungen, die erheblichen Bedarf an Projektentwicklungen liefern werden, sind:

- Verlagerung und Umwandlung von Bahnhöfen (vor allem Kopfbahnhöfe) in die Tiefebene und Entwicklung von freiwerdenden ebenerdigen Flächen
- Entwicklung weiterer autofreier Innenstädte mit der Folge von Umwidmungen von Parkhäusern
- Umwidmung ganzer Industriezonen in Gewerbeparks, Freizeitanlagen etc.
- Umwandlung von Hotels oder Pensionen in Seniorenwohnungen

Das frühzeitige Nachdenken über gesellschaftliche Trends und ihre Folgen liefert eine Fülle von Projektentwicklungsideen.

3.4 Qualität

Eine bedarfsgerechte Projektentwicklung muss den marktbedingten Qualitätsbegriffen genügen und ein optimales Preis-Leistungs-Verhältnis aufweisen. Im Allgemeinen wird man sich auch hier eines Kriterienkataloges bedienen, ggf. auch so genannter K.-O.-Kriterien. Ein grober Kriterienkatalog im Sinne einer + und – Checkliste, der nahezu unabhängig von der Nutzungsart ist, könnte wie in der nachfolgenden Tabelle dargestellt aussehen.

Tab. 3-1   +/- Checkliste Kriterienkatalog

	besonders großer Einfluss auf:		
	Investition	Bewirtschaftungskosten / Facility Management	Ertrag / Vermietung / Vermarktung
Baukörper			
- BGF	x		
- NF / BGF			x
- Äußere Erschließung			x
- Innere Erschließung			x
- Flexibilität	x		x
- Signifikanz / Repräsentanz	x		x
- Stellplätze	x		x
- Fassade	x	x	x
- Erweiterbarkeit			x
Bauphysik (Wärme, Schall)	x	x	
Bautechnik (Lüftung, Klima, Sanitär, Elektro)	x	x	
Medienver-/entsorgung	x	x	
Baumaterialien	x	x	
Kommunikationstechnik	x	x	x
Nutzflächen (Raumökonomie)			
- Raumtiefe			x
- Raster (Stützen, Fenster)	x		x
- lichte Höhe			x
- Flexibilität	x		x
Außenanlagen	x		x
Betriebstechnik	x	x	

Die vorgenannten Kriterien sind, auch wenn sie nahezu alle letztlich den Ertrag beeinflussen, wichtig für die Beschreibung des späteren Objektes in einem Lasten- und Pflichtenheft für die Planung. Weiterhin bestimmen sie damit im Wesentlichen die Investitionskosten und die laufenden Kosten im späteren „Leben" einer Immobilie. Es kann nicht genug darauf hingewiesen werden, dass hier letztendlich die Weichen für alle wichtigen Dinge der späteren Nutzungsphase gestellt werden.

Die folgenden Kriterien sind für die Qualität des Ertrages (Miete) von Bedeutung:

- Mieter (inkl. Bonität)
- Branchenmix
- Größe und Image des/der Hauptnutzer
- Mietvertrag
- Laufzeit des Mietvertrags
- Steigerung der Miete
- Anpassungsfähigkeit an Marktmiete
- Umlagefähigkeit der Betriebskosten

Aus diesen Kriterienkatalogen, sollen einige Kriterien beispielhaft näher betrachtet werden.

3.4.1 Nutzflächenqualität (Raumökonomie)

Die Nutzflächenqualität spielt eine entscheidende Rolle für nahezu jede Nutzungsart (Wohnen, Büro, Laden, Hotel, Produktion etc.). Der Mensch hat ein tiefes Bedürfnis nach Licht, Sicht und Luft. Das Behaglichkeitsempfinden steigt mit zunehmendem Qualitätsangebot. Die Raumtiefe hat beispielsweise einen hohen Einfluss auf den Mietertrag als maßgebende Größe für den anzusetzenden Projektwert (Ertragswert) von Einzelhandelflächen. In Kemper's Index wird hierzu die „Zoning-Methode" eingeführt, die in nachstehender Abbildung verdeutlicht wird.

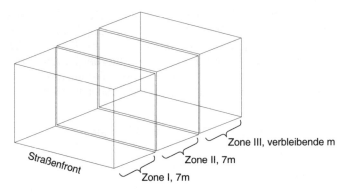

"**Zoning-Methode**" zur Berücksichtigung großer Raumtiefen

Zone I	100 % Miete
Zone II	50 % Miete
Zone III	25 % Miete

Abb. 3-10 Zoning - Methode[1]

Auch bei Büroflächen werden die Ansätze der „Zoning-Methode" immer häufiger eingesetzt. Hier ist der Mietenabfall mit zunehmender Raumtiefe jedoch nicht so groß.

Die Rasterung von z. B. Stützen und Fenstern ist eine weitere wichtige Größe. Am Beispiel der Firma IBM kann dies anschaulich verdeutlicht werden. Bei IBM wurden im Jahr 1994 etwa 10,4 m² als Standardfläche für einen Arbeitsplatz bzw. Mitarbeiter (MA) vorgehalten. Dies führt unter der Annahme eines 1,50 Fenster-(Ausbau-) Rasters, einer Raumtiefe von 5,20 m und einem Standard Gruppenbüro für 3 Mitarbeiter zu einer Fläche von insgesamt 3 x 10,4 m² = 31,2 m². Mit Hilfe einer Trennwandstellung im Abstand von 4 Rastern kann diese Fläche entsprechend gebildet werden. Den damaligen Wunsch- bzw. Zielvorstellung von IBM nach 8,8 m² pro Mitarbeiter lässt sich trotz einer Trennwandversetzung nicht nachkommen, da 3 x 1,5 m x 5,2 m / 3 = 7,8 m²/MA entspricht.

Wäre das Ausbauraster jedoch 1,25 m gewesen, so hätte sich sowohl die alte (Ist-) Fläche mit 5 x 1,25 m x 5,2 m / 3 = 10,8 m²/MA als auch die Zielfläche von 4 x 1,25 m x 5,2 m / 3 = 8,7 m²/MA besser annähern lassen. Solche Trends hinsichtlich der Raumtiefe, des Rasters und der Flexibilität müssen vom Projektentwickler frühzeitig erkannt und berücksichtigt werden. Hierbei können vom Projektentwickler auch entsprechende Dienstleister zu Rate gezogen werden, die so genannte Flächenstrukturanalysen und Rasteroptimierungen durchführen.

---

[1] Kemper

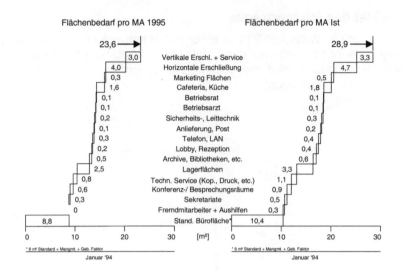

Flächenbedarf pro MA 1995   Flächenbedarf pro MA Ist

23,6 ➔   28,9 ➔

	1995		Ist
Vertikale Erschl. + Service	3,0		3,3
Horizontale Erschließung	4,0		4,7
Marketing Flächen	0,3		0,5
Cafeteria, Küche	1,6		1,8
Betriebsrat	0,1		0,1
Betriebsarzt	0,1		0,1
Sicherheits-, Leittechnik	0,2		0,3
Anlieferung, Post	0,1		0,2
Telefon, LAN	0,3		0,4
Lobby, Rezeption	0,2		0,4
Archive, Bibliotheken, etc.	0,5		0,6
Lagerflächen	2,5		3,3
Techn. Service (Kop., Druck, etc.)	0,8		1,1
Konferenz-/ Besprechungsräume	0,6		0,9
Sekretariate	0,3		0,5
Fremdmitarbeiter + Aushilfen	0		0,3
Stand. Bürofläche*	8,8		10,4

0   10   20   30   [m²]   0   10   20   30

* 8 m² Standard + Mangmt. + Geb. Faktor   * 8 m² Standard + Mangmt. + Geb. Faktor

Januar '94   Januar '94

Abb. 3-11 Reduktion der Fläche pro Einzelarbeitsplatz (Standardbüro) bei IBM[1]

3.4.2 Qualität der Bautechnik und der Kommunikationstechnik

Der technische Fortschritt in der Immobilienwirtschaft drückt sich heute in Begriffen wie „Intelligent Buildings" aus. Unter Intelligent Buildings versteht man Gebäude, die mit dem jeweils höchsten Standard des technischen Fortschritts ausgerüstet werden, mit dem Ziel der Reduzierung der Bewirtschaftungskosten (2. Miete). Weiterhin soll soviel automatische Steuerung wie nötig und soviel individuelle Steuerung wie möglich eingebaut und die Erfüllung ökologischer Bedürfnisse am Arbeitsplatz unterstützt werden. Die Folgen für eine Projektentwicklung werden beispielsweise die folgenden Langfristmegatrends sein:

- Zentrale Steuerung aller energieverbrauchenden Gebäudetechnik mit dem Ziel der Energieverbrauchsminimierung

- Kältebedarf (Klimaanlagenfunktion) nicht über rasche Luftbewegung, sondern über langsame Strahlung (Kühldecken)

- Sicherheitsbedürfnisse (Brandbekämpfung) über natürliche Stoffe (Wassernebel statt Halon) befriedigen

- Doppelböden in Büros sind entbehrlich, da drahtlose Kommunikationstechnik im Bereich der Sekundärnetze (Gebäude, vertikal) und Tertiärnetze (Gebäude, horizontal) kommen wird. Zwischenstation kann beispielsweise der Fensterbankkabelkanal sein.

---

[1] IBM, Deutschland

3.4.3 Qualität des Mietvertrages

Entscheidend für die Wirtschaftlichkeit einer Projektentwicklung ist die Qualität des Mietvertrages, insbesondere die darin enthaltene Mietanpassungsklausel. In der nachfolgenden Abbildung wird die Wirkungsweise der verschiedenen Mietanpassungsmöglichkeiten verdeutlicht.

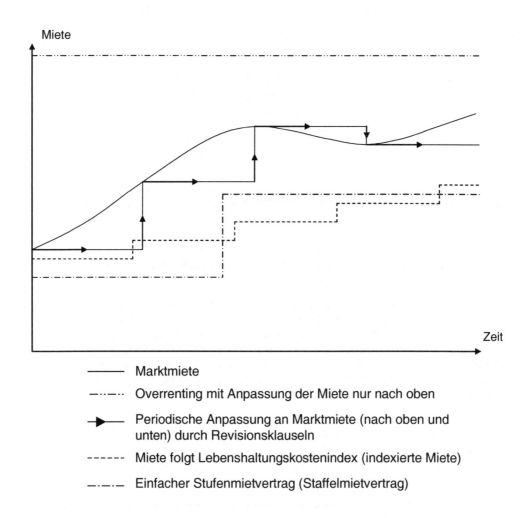

Miete

Zeit

—————— Marktmiete

—·—··—·· Overrenting mit Anpassung der Miete nur nach oben

►———— Periodische Anpassung an Marktmiete (nach oben und unten) durch Revisionsklauseln

- - - - - Miete folgt Lebenshaltungskostenindex (indexierte Miete)

—·—·— Einfacher Stufenmietvertrag (Staffelmietvertrag)

Abb. 3-12 Zur Qualität von Mietverträgen, Mietanpassung (Prinzip)

Bei der Anwendung der prinzipiellen Möglichkeiten muss es das Ziel des Projektentwicklers sein, den vollen Ertrag und den vollen Wertzuwachs zu erhalten. Dies wird dadurch erreicht, dass eine möglichst ausgewogene Mischung der Anpassungsmöglichkeiten, die eine möglichst große Annäherung der Ist-Miete an die Marktmiete zulassen. Als Extreme können angeführt werden:

- Anpassung der Miete nur nach oben. In Großbritannien häufig, in Deutschland rechtlich nicht durchsetzbar. Diese Anpassung sichert dem Projektentwickler (Investor) extrem auf der Risikoseite ab, allerdings mit der Konsequenz, dass im Overrenting-Fall (Ist-Miete größer als Marktmiete) der Bonität des Mieters eine extrem hohe Bedeutung zukommt.

- Langfristiger Mietvertrag mit mehreren Optionen und nicht hundertprozentiger Indexierung (Anpassung gemäß dem Lebenshaltungskostenindex) ohne Revisionsklausel. Dem Projektentwickler (Investor) geht mehr als die gesamte Wertentwicklung aus der sich über die Inflation hinaus entwickelnden Marktmiete verloren.

Das Ziel muss daher lauten:

$$\int f \left(Marktmiete \right) dt - \int f \left(Istmiete \right) dt = \Delta = Minimum$$

Die Grenzen in diesem Bestreben setzt der Markt (Mietermarkt / Verbrauchermarkt).

3.5 Quantität und Entwicklungspotential

Ein wichtiger Bestandteil einer bedarfsgerechten Projektentwicklung ist die sorgfältige Betrachtung der am Markt vorhandenen Quantitäten und die Prognostizierung der vom Markt benötigten Quantitäten. Diese Aufgabe als Teil einer Marktanalyse ist besonders schwierig, da häufig infolge mangelnder Markttransparenz keine vollständige Kenntnis aller geplanten Projekte vorliegt. Ein extremes Beispiel für die Bedeutung der Marktquantitäten lieferte der Londoner Immobilienmarkt Ende der achtziger Jahre. Wie aus nachstehender Abbildung leicht zu ersehen, stieg die neu gebaute Bürofläche etwa 1989 aber auch 2002 dramatisch an, als Folge insbesondere der in den Vorjahren stark angestiegenen Mieten (Schweinezyklus).

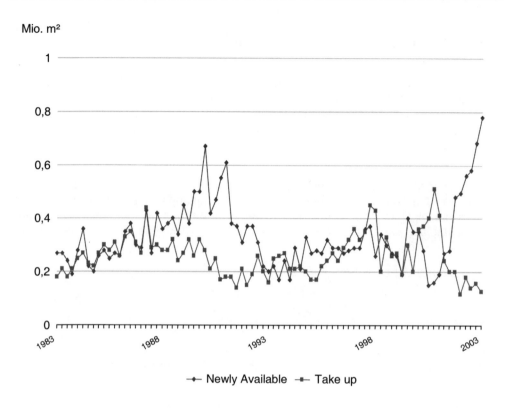

Mio. m²

—♦— Newly Available   —■— Take up

Abb. 3-13 Central London Office Market Balance[1]

Das Ergebnis war ein ausgeprägter Mietpreisverfall, enorme Leerstände (insbesondere in den 90er Jahren in den Docklands) sowie ein drastisch reduziertes Büroneubauvolumen, das sich erst jetzt wieder – wie auch die Mieten – auf ein normales Maß
einpendelt bzw. auf eine langfristige Trendlinie einzuschwenken scheint.

---

[1] Deka Immobilien Investment GmbH, Frankfurt am Main

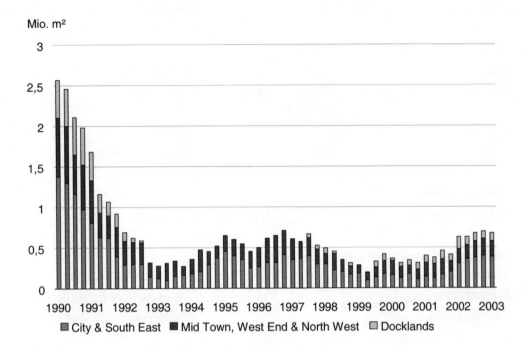

Mio. m²

City & South East ■ Mid Town, West End & North West □ Docklands

Abb. 3-14 Büroneubauvolumen in Zentral-London[1]

Dieses Beispiel verdeutlicht das Problem der Projektentwicklung, den tatsächlichen Quantitätsbedarf des Marktes für ein offensichtliches Entwicklungspotential richtig einzuschätzen. Entwicklungspotentiale als Differenz zwischen Angebot (Projektidee) und Nachfrage können sich in der Immobilienwirtschaft praktisch unbegrenzt ergeben. Typische Beispiele hierfür sind:

Regional	Beispiel
international	Fernost
Deutschland	Neue Bundesländer
Bundesland Hessen	Finanzzentrum Frankfurt am Main

Sektoral (Nutzung)	Beispiel
Wohnen	Neue Bundesländer
Einkauf / Handel	Neue Bundesländer

---

[1] Deka Immobilien Investment GmbH, Frankfurt am Main

Dienstleistungen	Gewerbeparks
Sozialbauten	Seniorenheime, Pflegeheime
Logistik	Osteuropa
Hotel	Boarding House
Freizeit	Golfanlagen

<u>Änderung Gesetze</u>	<u>Beispiel</u>
Steuer	Sonderabschreibung
	neue Bundesländer
Direkte Steuern	Vermögenssteuer
Indirekte Steuern	Mehrwertsteuer

<u>Änderungen Gesellschaft / Wirtschaftsleben</u>	<u>Beispiel</u>
Freizeitbedürfnisse	Wochenendwohnungen
Unternehmen	Corporate Real Estate-Denken
Staat/Land/Kommune	Private Public Partnership

Allgemein gilt, dass sich bei einem großen Entwicklungspotential zwar große Chancen ergeben, aber auch die Risiken zunehmen können. Auch durch die Dynamisierung der Immobilienwirtschaft drängen schnell große Quantitäten auf den Markt, die häufig zu Marktproblemen führen:

- Mieterträge sinken überdurchschnittlich
- Baukosten steigen überdurchschnittlich
- Grundstücke werden unerschwinglich

Es ist daher unerlässlich, in einer sorgfältig erarbeiteten objektiven Marktanalyse auch und insbesondere die nachhaltige Nachfrage bzw. Quantität von Entwicklungspotentialen aufzuzeigen.

3.6 Fungibilität (Drittverwendungsmöglichkeit)

Für eine bedarfgerechte Projektentwicklung der Immobilienwirtschaft ist insbesondere aus Sicht eines Immobilieninvestors, also im Regelfall eines Langfristinvestors, die Drittverwendungsmöglichkeit, die so genannte Fungibilität wichtig. Grundsätzlich sind bei der Beurteilung der Fungibilität die gleichen Kriterien wie in den Abschnitten 3.1 bis 3.4 beschrieben wichtig. Darüber hinaus kommt den folgenden Punkten eine besondere Bedeutung zu:

- Baulich-konstruktive Selbstständigkeit
- Wirtschaftliche Selbstständigkeit (möglichst kein Teileigentum)
- Anbindung an individuellen und öffentlichen Nahverkehr
- Existenz eines Nachfragemarktes
- Limitierung der Projektgröße
- Minimum an so genannter „Betreibernutzung" oder Produktionsnutzung

Unter „Betreibernutzung" sind so genannte Management-Immobilien zu verstehen, d. h. Immobilien, bei denen der nachhaltige Ertrag durch das Objekt-Management entscheidend beeinflusst wird, z. B. Gewerbeparks und Hotels. Entscheidend hierbei ist, ob das sachkundige Management vom Eigentümer oder vom Mieter gestellt wird. Im letzteren Fall, etwa bei Hotels, können hier erhebliche Probleme entstehen. Eine Immobilie, die keine „Betreibernutzung" enthält (zumindest teilweise), gibt es nicht. Als Beispiel hierfür können Cafeterias und Kantinen in Büroimmobilien gesehen werden. Die Einflussnahme auf den nachhaltigen Ertrag bzw. die Bewirtschaftungskosten (Facility Management) ist letztlich entscheidend, ob die Beurteilung des Projektes hinsichtlich der Existenz eines späteren Nachfragemarktes positiv ausfällt.

3.7 Wirtschaftlichkeit

Grundsätzlich setzt sich der Erfolg einer Projektentwicklung als Maß für die Wirtschaftlichkeit einer Immobilieninvestition aus folgenden Komponenten zusammen:

1. Ergebnis (Netto-Ertrag) aus dem Betrieb einer Immobilie
2. Wertsteigerung des Projektes während und insbesondere nach der Projektentwicklung
3. Steuerliche Vorteile

Die steuerlichen Vorteile sind mit einem gewissem Vorbehalt zu betrachten, da sie zeitlich, regional und qualitativ/quantitativ extrem schwanken können. Eine Wirtschaftlichkeitsberechnung sollte daher auch ohne steuerliche Vorteile belastbar sein. Letztlich sind die Komponenten 1. und 2. entscheidend beeinflusst von der Ertragshöhe bzw. Miethöhe, die eine Funktion der Zeit ist. Die Miete wird in der Immobilien-wirtschaft zerlegt in die:

- Statische (momentane) Komponente Mietertrag
- Dynamische (zukünftige) Komponente Mietentwicklung

Die Immobilie erhält ihren wirtschaftlichen Charakter nicht durch die Tatsache ihrer Produktion, sondern durch ihre Nutzung. Das Gebäude als solches dient lediglich als „statisches Gehäuse für ein dynamisches Innenleben". Mit der Immobilie werden durch die Nutzung Raum-Zeit-Einheiten in Geld-Zeit-Einheiten umgewandelt. Die (vertragliche) Überantwortung des ökonomischen Nutzungsrechtes an Dritte kann somit beispielsweise bei der Vermietung von Büroflächen von den Einheiten m²/Monat in die Einheiten €/m² pro Monat konvertiert werden. Entscheidende Größe für die Wirtschaftlichkeit in der Immobilienwirtschaft ist die Rendite:

$$Rendite = \frac{Miete\ [€]}{Investitionsvolumen\ [€]}$$

Sowohl Miete als auch Investitionsvolumen sind zeitabhängige Größen. In der Immo-bilienwirtschaft ist es jedoch üblich, das Investitionsvolumen als statische ad hoc Größe und die Miete je Zeiteinheit (üblicherweise 1 Jahr) zu begreifen. Weltweit gibt es jedoch keine einheitliche Definition einer Rendite. In der nachfolgenden Tabelle sind einige wichtige Definitionen zusammengestellt.

Tab. 3-2   Definitionen Rendite

	Grobe Relation	Bemerkungen
Rohmiete Kaufpreis (Projektwert)	ca. 115 %	Von Maklern bevorzugte Größe (höchste Rendite)
Reinmiete Kaufpreis (Projektwert)	ca. 105%	
Rohmiete Gesamtanschaffungskosten	ca. 110%	Entspricht „Initial Yield" in Großbritannien
Reinmiete Gesamtanschaffungskosten	100%	Relevante Größe für Inves-tor (Projektentwickler)

Hierbei bedeuten:

Reinmiete = Rohmiete – Bewirtschaftungskosten

Gesamtanschaffungskosten = Kaufpreis + Erwerbsnebenkosten

Häufig kann es zusätzlich wichtig sein, dass die Rendite vor und nach Steuern ermittelt wird. Hierdurch wird der Einfluss von Steuern deutlich, insbesondere wird die Belastbarkeit der Wirtschaftlichkeitsrechnung auch ohne Steuervorteile hervorgehoben.

3.7.1 Kosten und Termine

Hinsichtlich der Wirtschaftlichkeit einer Projektentwicklung sind in erster Linie die nachhaltigen Erträge wichtig. Ein Mieterausfall lässt beispielsweise die Rendite nicht nur auf Null, sondern teilweise ins Negative sinken, da der Investor ertragsunabhängige laufende Kosten aufzubringen hat, wie z. B. Grundsteuer oder Instandhaltung. Dies schmälert jedoch nicht die Bedeutung einer möglichst genauen Kostenermittlung bei einer Projektentwicklung. Wichtiger als die Kostenschätzungsgenauigkeit einer Kostenart ist jedoch die Erfassung aller Kostenarten. In aller Regel sind dies die „Einmal-Kosten".

Im Einzelnen umfassen die „Einmal-Kosten":

- Grunderwerbskosten
    - Kosten für Grundstück
    - Notarkosten, Gebühren
    - Grunderwerbssteuer
    - Provisionen (Makler)
- Grundstücksaufbereitungskosten
    - Abbruchkosten
    - Dekontaminationskosten
    - Äußere Erschließung
    - Ablösung von Rechten
    - Sonstige Kosten
- Reine Baukosten inkl. Außenanlagen
- Betriebstechnik und Sonderausstattungen
- Baunebenkosten (Planung, Projektsteuerung, etc.)
- Marketingkosten
- Nicht abzugsfähige Vorsteuer
- Sonstige Kosten, Unvorhergesehenes, Risiken
- Garantien
- Management-Fee (Projektentwicklung)
- Finanzierungskosten (mit/ohne Zinseszins)

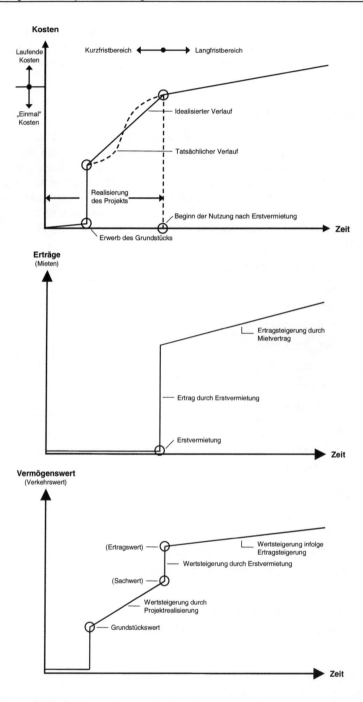

Abb. 3-15 Schematischer Verlauf von Kosten, Ertrag und Vermögenswert bei einer Projektentwicklung

Grunderwerbskosten

Ausgangspunkt für jede Neuprojektentwicklung ist der Erwerb des Grundstücks. Mit dem Erwerb des Grundstücks steigt der Projektentwickler in Risiko/Chance der Projektentwicklung ein; insofern sind die Grunderwerbskosten ein wichtiger Bestandteil der Einmalkosten jeder Projektentwicklung. Je nach Lage, Standort und Objektgröße kann dieser Kostenblock bis etwa 40 - 50 % der Projektentwicklungskosten ausmachen, insbesondere dann, wenn das Baurecht gesichert ist und eine extrem hohe Geschossflächenzahl (GFZ) ausweist.

Grundstücksaufbereitungskosten

Ergänzender Kostenblock zu den Grunderwerbskosten, der hinsichtlich Abbruch und Dekontamination insbesondere in innerstädtischen oder bereits bebauten Bereichen und hinsichtlich äußerer Erschließung insbesondere auf unbebauten Grundstücken relevant ist. Im Normalfall sind diese Kosten nicht ausschlaggebend, sie können jedoch gerade im Bereich von Dekontaminationskosten (z. B. bei Boden- oder Gebäudealtlasten) extrem ansteigen. Hierfür sollte im Zuge der Projektentwicklung vor dem Grunderwerb die Klärung der Kostentragung erfolgt sein.

Reine Baukosten inkl. Außenanlagen

Sowohl im Hinblick auf die Größenordnung als auch auf die Beeinflussung der Rendite und des Wertzuwachses ist dies der wichtigste Kostenblock. Im Prinzip erfolgt die Kostenermittlung durch die Tabellenmultiplikation von Funktionsbereichen, Flächen- und Raumgrößen sowie Bauelementen mit den einer gesicherten Datenbank entnommenen oder empirisch ermittelten Kostenkennwerten.

Gängige Verfahren sind:

- Kostenermittlung über den Brutto-Rauminhalt (BRI)
- Kostenermittlung über die Brutto Grundfläche (BGF)
- Kostenermittlung mit Kostenflächenarten
- Kostenermittlung über Bauverhältniszahlen
- Kostenermittlung nach der Elementmethode

Gute Anhaltswerte für die Kostengliederung liefert die DIN 276, die beliebig weiter detailliert werden kann. In der Realisierungsphase einer Projektentwicklung werden dann für die Kostenkontrolle die elementorientierten Kosten (nach DIN 276) zu gewerkeorientierten Kosten nach VOB umsortiert.

Betriebstechnik und Sonderausstattung

Hierunter sind alle vom Projektentwickler bzw. Investor – und nicht vom Mieter - aufzuwendenden Kosten zu verstehen, die über die reinen Baukosten inkl. Gebäudetechnik und Außenanlagen hinausgehen. Dies können z. B. Kücheneinrichtungen oder Objektsicherungseinrichtungen sein. Insbesondere bei größeren Projektentwicklungen können die Kosten für Sonderausstattungen wie Eingangshallengestaltungen, Innenbegrünungen, Kunstwerke etc. erheblich sein.

Baunebenkosten

Hierunter fallen im Wesentlichen die Kosten für die Projektsteuerung, die Planung, für Gutachten und Beratung und die Gebühren für Genehmigungen und Abnahmen.

Marketingkosten

Dieser Kostenbereich hat in den letzten Jahren in der Projektentwicklung zunehmende Bedeutung erlangt. Insbesondere bei der Vermietung und Verkauf sind diese Kosten aufzuwenden, welche die Wertschöpfung der Höhe nach und die frühe Realisierung von Wertzuwächsen positiv beeinflussen. Erfahrungsgemäß steigen die Marketingkosten an, wenn sich der Immobilienmarkt in einem Tal befindet.

Nicht abzugsfähige Steuer

Dies ist in der Projektentwicklung ein in jedem Falle dann nicht zu vernachlässigender Punkt, wenn z. B. (einzelne) Flächennutzungen durch Mieter erfolgen, die keine Umsatzsteuer (Mehrwertsteuer) auf die Miete entrichten, wie z. B. Behörden und Banken. Diese Situation liegt derzeit in Deutschland aufgrund der Steuergesetzlage vor.

Garantien

Hierunter sind gegebenenfalls Kosten für Garantien zu erfassen, die im Zuge einer Projektentwicklung, z. B. für Mietgarantien, aufzuwenden sind.

Management-Fee (Projektentwickler)

Kosten für die Durchführung der Projektentwicklung, wenn diese als reine interne oder externe Dienstleistung verstanden wird.

Finanzierungskosten

Dieser Kostenblock umfasst im Wesentlichen die Kosten für die Grundstücksfinanzierung und die Projektrealisierungsfinanzierung (Planung und Bau). Er wird entscheidend von der Terminplanung der Projektentwicklung beeinflusst. Hierfür ist eine Rahmenterminplanung zu erstellen, die sicherlich zum einen minimiert sein sollte, andererseits auch Pufferzeiten für Projektentwicklungsrisiken (z. B. verzögerte Baugenehmigung) enthalten sollte. Wenn eine Identität von Projektentwickler und Endinvestor vorliegt, so treten an die Stelle von Finanzierungskosten die Bauzinsen. Es ist evident, dass das Vorhandensein von Eigenkapital auf der Projektentwicklerseite mehr Projektentwicklungsgelegenheiten schafft.

Die Kostenermittlung im Kurzfristbereich beschränkt sich im Wesentlichen auf die „Einmal"-Kosten. Additiv zu sehen sind im Langfristbereich die laufenden Kosten (Bewirtschaftungskosten). Es kann nicht genügend die Bedeutung der Tatsache hervorgehoben werden, dass eine Reduktion der Bewirtschaftungskosten im beeinflussbaren Langfristbereich in aller Regel nur dann möglich ist, wenn vorher Aufwendungen bei den Einmal-Kosten getätigt wurden. Geschieht eine solche vorausschauende Aufwendung nicht, ist später zu erheblich höheren Kosten nachzuinvestieren, um die Bewirtschaftungskosten zu reduzieren.

3.7.2 Einstiegsrendite und Wertentwicklung (Rentabilität)

In der Betriebswirtschaftslehre wird die Rentabilität als Verhältnis von Gewinn zu eingesetztem Kapital definiert. Das Ziel eines jeden Unternehmers oder Unternehmens in einem marktwirtschaftlichen System – und letztlich ist auch der Projektentwickler Unternehmer – ist es, die größtmögliche Rentabilität des investierten Kapitals zu erreichen. Die Grundlage der Rentabilitätsrechnung ist der vergleichbare Periodenerfolg als Maßstab für die Wirtschaftlichkeit. Dieser Erfolg ergibt sich aus der Differenz zwischen Aufwand und Ertrag. Der Aufwand wird an den Ausgaben, der Ertrag an den Einnahmen (ersparte Kosten bei Eigennutzung) gemessen. Zu den Ausgaben ist als Ausgangsgröße auch der Ursprungsbetrag der Investition (Einmal-Kosten) zu rechnen. Da die Nutzungsdauer des Wirtschaftsgutes „Immobilie" jedoch nicht oder nur selten mit der auf ein Wirtschaftsjahr abgestellten Rechnungsperiode übereinstimmt, fallen Aufwand und Ausgaben einerseits und Einnahme und Ertrag andererseits zeitgleich auseinander. Demzufolge müssen für die Ermittlung eines periodengerechten Ergebnisses Ausgaben und Aufwand sowie Einnahmen und Ertrag voneinander abgegrenzt werden. Der zeitlich „abgegrenzte" Periodenertrag bzw. Gewinn ist die eine Bestimmungsgröße für die Rentabilität einer Projektentwicklung. Die andere Bestimmungsgröße ist das für die Investition eingesetzte Kapital. Zur Ermittlung der Rentabilität hat die Betriebswirtschaftslehre aus dem Verhältnis von Gewinn und Kapital abgeleitet Kennziffern entwickelt. Unterschieden wird zwischen der Eigenkapitalrentabilität, d. h. dem Gewinn bezogen auf das für die Projektentwicklung eingesetzte Eigenkapital mit Nettoertrag zu gebundenem Eigenkapital des Vorjahres, und der Gesamtkapitalrentabilität, d. h. dem Gewinn zuzüglich Fremdkapitalzinsen bezogen auf das eingesetzte Gesamtkapital, also Eigen- und Fremdkapital.

In diesem Buch wird in aller Regel von Rentabilität (Rendite) im Sinne einer Gesamt-kapitalrendite gesprochen. Besonderes Augenmerk bei der Ermittlung des Gewinns ist nach dem Vorgesagten der periodischen Abgrenzung der Aufwendungen und Er-träge zu widmen, wobei insbesondere außerordentliche Aufwendungen und Erträge zu eliminieren bzw. periodengerecht zu verteilen sind.

Die Rentabilität und damit die Wirtschaftlichkeit einer Projektentwicklung ergibt sich aufgrund des Vorgenannten aus der Einstiegs- oder Anfangsrendite und der innerhalb einer Zeitperiode eingetretenen Wertsteigerung. Für die Einstiegsrendite ist der Miet-ertrag bei Erstvermietung maßgebend. Die innerhalb der Zeitperiode anfallende Wertsteigerung ergibt sich aus zwei möglichen Komponenten:

- Verkehrswert abzüglich aller Einmal-Kosten
- Wertsteigerung infolge Ertragssteigerung (Mietsteigerung)

Hierbei kommt der Wertsteigerung dann eine besondere Bedeutung zu, wenn die Einstiegsrendite als Folge einer in jeder Beziehung hochqualitativen Projektentwick-lung niedrig ist. Die Rentabilität – Einstiegsrendite und Wertsteigerung – einer Immo-bilieninvestition (Projektentwicklung) muss sich möglichst zu jeder Zeit an der auf dem Kapitalmarkt innerhalb einer bestimmten Periode erzielbaren Rendite messen lassen können. Liegt diese Projektentwicklungsrendite immer über der Kapitalmarkt-rendite, ist der Projektentwicklungserfolg praktisch garantiert.

3.8 Development Rechnung

Eine zusammengefasste Darstellung der Kosten- und Ertragssituation erfolgt in der Projektentwicklung in der Developmentrechnung. Sie wird zu unterschiedlichen Zeit-punkten der prozessorientierten Projektentwicklung in dazu passendem Detaillie-rungsgrad erstellt.

Aus der Developmentrechnung sind außerdem alle Renditen, der Cashflow und die Wertentwicklungen ersichtlich. Mit der Developmentrechnung wird somit ein über-sichtliches Werk zur Beurteilung der Wirtschaftlichkeit der Projektentwicklung gelie-fert, das auch Basis für Zwecke eines Controllings einer Projektentwicklung sein kann. Das prinzipielle Ablaufschema einer Developmentrechnung ist im Flussdia-gramm der nachfolgenden Abbildung anschaulich dargestellt.

- Ermittlung des Verkehrswertes

  (Kenndaten aus Projektplanung und Prognose der <u>nachhaltigen</u> Marktkenndaten)

- Abzüglich Realisierungskosten für

  - Grundstück

  - Erwerbsnebenkosten

  - Grundstück herrichten / erschließen

  - Bauwerkskosten / Technik / Außenanlagen

  - Baunebenkosten

  - Bauzeitzinsen

  - Vermarktung / Vermietung / (Mietgarantie)

- Liefert:

  Projektrealisierungsgewinn ja/nein

- Wenn ja, dann:

  Sensitivitätsanalyse (z.B. Worst Case Scenario)

- Liefert:

  Projektrealisierungsgewinn

- Endgültiger Projektstart

Abb. 3-16 Flussdiagramm Development Rechnung

Auf den nachfolgenden Seiten ist ein Beispiel einer Developmentrechnung der Deka Immobilien Investment GmbH, Frankfurt am Main dargestellt. Mit einer so aufgebauten Wirtschaftlichkeitsberechnung können sowohl Objekte als auch Projektentwicklungen beurteilt werden. Dieses Berechnungsbeispiel spiegelt im Bereich der Verkehrswertentwicklungs-Ausarbeitung nach der Discounted-Cash-Flow-Methode (interner Zinsfuß als Beurteilungsmaßstab für die Qualität der Projektentwicklung) stark die langfristige Sicht eines institutionellen Investors (Offener Immobilienfonds) wider.

Wertermittlung

Objektname	Musterobjekt	
Strasse	Musterstraße 123	
Land / PLZ / Ort	12345 Musterstadt	
Objekttyp		
Makler		
Kaufpreis	7.896.173 EUR	max. mögl.: 9.854.365 EUR

Technische Beschreibung		
Technische Lebensdauer	70	Jahre
Mietfläche gesamt	6.428	m²
Liegenschaftszins	5,25	%
Restnutzungsdauer	70	Jahre

Kaufpreis		
Gesamtanschaffungskosten	21.426.824	EUR
Miete gesamt	1.078.764	EUR
Marktmiete pro m²	18,06	EUR
Vertragsmiete pro m²	13,79	EUR

Annahmen				
Ankauf		**%**	**absolut**	
Maklerprovision			72.700	EUR
Notar-/Gericht			45.797	EUR
Grunderwerbssteuer		4,20	384.702	EUR
Anwaltskosten			104.000	EUR
SVA-Gebühr			29.527	EUR
Ankaufgebühr		1,00	78.962	EUR
Sonstige Anschaffungskosten			12.530.651	EUR
Gesamt			13.530.651	EUR

Laufende Kosten				**%**		**absolut**	
	Cashflow	SVA		Cashflow	SVA		
Instandhaltung Gebäude	2,00	2,00	EUR	12.856	12.856	EUR	
Instandhaltung Stellplätze A.	0,00	0,00	EUR	0	0	EUR	
Instandhaltung Stellplätze TG	0,00	0,00	EUR	0	0	EUR	
Mietausfallwagnis	3,00	3,00	%	32.363	41.792	EUR	
Verwaltungskosten extern	1,00	1,00	%	10.788	13.931	EUR	
Verwaltungskosten intern	3,00	3,00	%	32.363	41.792	EUR	
Fonds-Gebühr			%	0	0	EUR	

Renditen (Monat =1)	Objektebene	Anlegerebene
Anfangsrendite (landesüblich)	5,32%	
Ø Nach-Steuer-Rendite	6,33%	6,33%
Bruttoanfangsrendite	5,32%	
Nettoanfangsrendite	4,71%	
Kaufpreismultiplikator	18,80	
Interner Zinsfuß	8,22%	8,22%
Ø Performance	9,36%	9,36%

Nachhaltiger Rohertrag auf Basis von	Vertragsmieten	nein	Marktmieten	ja

1. Mietertrag

Mietenaufstellung

Flächenart/Mieter	Lage	Fläche m²	Mietertrag EUR/m²	Mietertrag EUR/mtl.	Vertrag von - bis	Optionen
EZH-Fläche (Boutique)	EG rechts	3.407,00	15,60	53.149	01.12.2000 - 01.01.2012	U, ST, SI
Lager-/Archivfläche	Geschossfläche 1. UG	400,00	5,80	2.320	01.01.2002 - 01.01.2012	U, SI
Lager-/Archivfläche	Geschossfläche 2. UG	12,00	5,10	61	01.12.2000 - 01.01.2012	U, SI
Bürofläche	Geschossfläche 2. OG	979,00	12,35	12.091	01.12.2000 - 01.01.2012	U, SI
Bürofläche	Geschossfläche 3. OG	778,00	12,35	9.608	01.12.2000 - 01.01.2012	U, SI
Bürofläche	Geschossfläche 4. OG	228,00	13,08	2.982	01.12.2000 - 01.01.2012	U, SI
Bürofläche	Geschossfläche 5. OG	228,00	13,08	2.982	01.12.2000 - 01.01.2012	U, SI
Bürofläche	6. OG	226,00	13,81	3.121	01.12.1001 - 01.01.2012	U, SI
Bürofläche	7. OG	170,00	13,81	2.348	01.12.2000 - 01.01.2012	U, SI

Bei Optionen verwendete Abkürzungen:
U=UST-Pflichtig, F=Mietfreie Zeiten, I=Indexmiete, ST=Staffelmiete, SI=Standard indiziert,
S=sonstige Aufwendungen/Erträge, O=Option

2. Bewirtschaftungskosten

a. Betriebskosten   15.324 EUR

b. Verwaltungskosten

           3,00 % von   1.393.068 EUR   41.792 EUR

c. Mietausfallwagnis

           3,00 % von   1.393.068 EUR   41.792 EUR

d. Instandhaltungskosten
   - Mietflächen

           6.428 m² x   2,00 EUR   12.856 EUR
   - Offene Stellplätze

           0 je   0,00 EUR   0 EUR
   - Tiefgaragenplätze

           0 je   0,00 EUR   0 EUR
                                        111.764 EUR

3. Ertragswert

3.1 Rohertrag
     Summe der Marktmieten   1.393.068 EUR

3.2 Bewirtschaftungskosten   -   111.764 EUR

3.3 Reinertrag   1.281.304 EUR

3.4 Anteil des Bodenwertes am Reinertrag
           7.896.173 x 5,25 %   -   414.549 EUR

3.5 Anteil des Gebäudes am Reinertrag   **866.755 EUR**

3.6 Lebensdauer: 70 Jahre
     Restnutzungsdauer: 70 Jahre
     Zinssatz: 5,25 Prozent
     Vervielfältiger: 18,52

3.7 Gebäudeertragswert
     Vervielfältiger x Anteil des Gebäudes am Reinertrag
           18,52 x 866.755   16.052.306 EUR

3.8 Bodenwert   7.896.173 EUR

                    Ertragswert: **23.948.479 EUR**

4. Verkehrswert

4.1   Ertragswert   23.948.479 EUR

4.2   Zu- oder Abschlag   -   404.630 EUR

4.3   Abrundung   -   43.849 EUR

                    Verkehrswert: **23.500.000 EUR**

nachrichtlich:

Wert je Nutzfläche:

   23.500.000 EUR / 6.428 m² = 3.656 EUR/m²

Flächen- / Mieter

Flächenart	Lage	Mietfläche m²	M-Miete EUR	M-Miete pa EUR	Mieter	V-Beginn	V-Ende	Miete m² EUR	Miete pa EUR	UST-pfl.	Mietfrei	Index	Staffel	Sonst. A/E	Stand. Ind.	Option
EZH-Fläche (Boutique)	EG rechts	3.407,00	23,65	966.907		01.12.2000	01.01.2012	15,60	637.790	Ja	Nein	Nein	Ja	Nein	Ja	Nein
Lager-/Archivfläche	Geschossfläche 1. UG	400,00	5,80	27.840		01.01.2002	01.01.2012	5,80	27.840	Ja	Nein	Nein	Nein	Nein	Ja	Nein
Lager-/Archivfläche	Geschossfläche 2. UG	12,00	5,10	734		01.12.2000	01.01.2012	5,10	734	Ja	Nein	Nein	Nein	Nein	Ja	Nein
Bürofläche	Geschossfläche 2. OG	979,00	12,35	145.088		01.12.2000	01.01.2012	12,35	145.088	Ja	Nein	Nein	Nein	Nein	Ja	Nein
Bürofläche	Geschossfläche 3. OG	778,00	12,35	115.300		01.12.2000	01.01.2012	12,35	115.300	Ja	Nein	Nein	Nein	Nein	Ja	Nein
Bürofläche	Geschossfläche 4. OG	228,00	13,08	35.787		01.12.2000	01.01.2012	13,08	35.787	Ja	Nein	Nein	Nein	Nein	Ja	Nein
Bürofläche	Geschossfläche 5. OG	228,00	13,08	35.787		01.12.2000	01.01.2012	13,08	35.787	Ja	Nein	Nein	Nein	Nein	Ja	Nein
Bürofläche	6. OG	226,00	13,81	37.453		01.12.2001	01.01.2012	13,81	37.453	Ja	Nein	Nein	Nein	Nein	Ja	Nein
Bürofläche	7. OG	170,00	13,81	28.172		01.12.2000	01.01.2012	13,81	28.172	Ja	Nein	Nein	Nein	Nein	Ja	Nein

Kaufpreis

	EUR		Hauswähr. EUR
Nettokaufpreis	7.896.173		7.896.173
Grundstückskaufpreis	7.896.173		7.896.173
Gebäudekaufpreis	0		0

Finanzstruktur					
EK	100%		EK		21.426.824
FK	0%	0%	FK Fond		0
		0%	FK extern		0
FK Zinssatz	0,00%				

Anschaffungskosten					
	% / abs.	EUR	Hauswähr. EUR		Rückrechnung
Nettokaufpreis		7.896.173	7.896.173		9.854.365
Gebäudekaufpreis		0	0		
Grundstückskaufpreis		7.896.173	7.896.173		
Makler		72.700	72.700		72.700
Notar / Gericht		45.797	45.797		45.797
Grunderwerbssteuer	4,20%	384.702	384.702		480.105
Anwaltskosten		104.000	104.000		104.000
SVA-Gebühr		29.527	29.527		29.527
Ankaufsgebühr	1,00%	78.962	78.962		98.544
Sonst. Beratungskosten		32.000	32.000		32.000
Vermietungskosten		410.000	410.000		410.000
Leerstandsannahme		268.500	268.500		268.500
		0	0		0
Herst.kosten / Bauzeitzins		12.104.463	12.104.463		12.104.463
Summe Nebenkosten		13.530.651	13.530.651		13.645.635
MwSt. gesamt	16,00%	3.086.647	3.086.647		3.399.958
MwSt. nicht erstattbar	0,00%	0	0		0
Anschaffungskosten brutto		24.513.471	24.513.471		26.899.958
Anschaffungskosten netto		21.426.824	21.426.824		23.500.000

Herstellungskosten

Kaufpreisfälligkeit	01.07.1998	Baubeginn	01.01.1999	Fertigstellung	01.12.2000
Zwischenfinanzierungszins	5,00	%			
A. Grundstück Herrichten / Erschliessen					
Abbruchkosten	0	EUR / cbm	0	cbm	0 EUR
Archäologische Grabung	0	EUR			0 EUR
Altlasten	0	EUR			0 EUR
Äußere Erschliessung	0	EUR / m²	0	m²	0 EUR
Ablösung von Stellplätzen	4.400	EUR / Stück	25	Stück	110.000 EUR
Ablösung von Rechten	51.000	EUR			51.000 EUR
B. Bauwerkskosten / Technik / Außenanlagen					
BGF Oberirdisch	1.066	EUR / m²	7.225	m²	7.701.850 EUR
BGF Unterirdisch	1.066	EUR / m²	495	m²	527.670 EUR
Technische Anlagen	0	EUR / m²	0	m²	0 EUR
TG-Abstellplätze	0	EUR / Stück	0	Stück	0 EUR
Außenstellplätze	0	EUR / Stück	0	Stück	0 EUR
Außenanlagen	36.335	EUR			36.335 EUR
Ausstattung und Kunstwerke	0	EUR			0 EUR
C. Baunebenkosten	13,56	%	8.426.855	EUR	1.142.682 EUR
D. Bauzeitzinsen					
Erwerbskosten	8.432.537	EUR	870	Zinstage	1.018.932 EUR
Neubau- / Sanierungskosten	10.478.643	EUR	690	Zinstage	502.102 EUR
E. Unvorhergesehenes	8,00	%	9.569.537	EUR	765.563 EUR
F. Projektsteuerungskosten	1,50	%	9.569.537	EUR	143.543 EUR
G. Baugebühr	1,00	%	10.478.643	EUR	104.786 EUR
Herstellungskosten / Bauzeitzinsen gesamt					12.104.463 EUR
Davon MwSt.-pflichtig					10.478.643 EUR

Ermittlung des Nettomietertrages und des Cash-flows

Beginn der Berechnung	01.01.2002		Steigerung ext. Verwaltungskosten	2,00%	Vortragbare Jahre	0
Vertragsmietst./Inflation	2,00%		Abschreibungsbasis	12.000.000		

	%	- 12 / 2002	- 12 / 2003	- 12 / 2004	- 12 / 2005	- 12 / 2006	- 12 / 2007	- 12 / 2008	- 12 / 2009	- 12 / 2010	- 12 / 2011
Jahr		- 12 / 2002	- 12 / 2003	- 12 / 2004	- 12 / 2005	- 12 / 2006	- 12 / 2007	- 12 / 2008	- 12 / 2009	- 12 / 2010	- 12 / 2011
Jahresmieterträge		1.078.764	1.277.357	1.425.533	1.478.890	1.508.468	1.538.638	1.569.410	1.600.799	1.632.815	1.665.471
Sonst. Aufwend./Erträge		0	0	0	0	0	0	0	0	0	0
Erträge aus Sondermieten		0	0	0	0	0	0	0	0	0	0
Instandhaltungskosten / m²		2,00	2,00	2,00	2,00	2,00	2,60	3,20	3,80	4,40	5,00
Instandhaltung Gebäude		12.856	12.856	12.856	12.856	12.856	16.713	20.570	24.426	28.283	32.140
Instandhaltung Stellpl. Außen	0,00	0	0	0	0	0	0	0	0	0	0
Instandhaltung Stellpl. TG	0,00	0	0	0	0	0	0	0	0	0	0
Mietausfallwagnis	3,00%	32.363	38.321	42.766	44.367	45.254	46.159	47.082	48.024	48.984	49.964
Verwaltungskosten Intern	3,00%	32.363	38.321	42.766	44.367	45.254	46.159	47.082	48.024	48.984	49.964
Verwaltungskosten Extern	1,00%	10.788	11.003	11.223	11.448	11.677	11.910	12.149	12.392	12.639	12.892
Fonds-Gebühr	0,00%	0	0	0	0	0	0	0	0	0	0
lfd. Kosten Test 1	0,10%	1.079	1.100	1.122	1.145	1.168	1.191	1.215	1.239	1.264	1.289
	0,00%	0	0	0	0	0	0	0	0	0	0
Summe Nebenkosten		89.448	101.601	110.734	114.182	116.209	122.133	128.098	134.105	140.155	146.250
Nettomiete		989.316	1.175.756	1.314.799	1.364.708	1.392.260	1.416.505	1.441.313	1.466.693	1.492.659	1.519.221
Fremdkapitalzinsen		0	0	0	0	0	0	0	0	0	0
Nettomiete nach Zins		989.316	1.175.756	1.314.799	1.364.708	1.392.260	1.416.505	1.441.313	1.466.693	1.492.659	1.519.221
Abschreibungssatz		3,00%	3,00%	3,00%	3,00%	3,00%	3,00%	3,00%	3,00%	3,00%	3,00%
AfA (Linear)		360.000	360.000	360.000	360.000	360.000	360.000	360.000	360.000	360.000	360.000
sonstige Abschreibungen	3,00%	0	0	0	0	0	0	0	0	0	0
Nicht absetzbare Kosten		32.363	38.321	42.766	44.367	45.254	46.159	47.082	48.024	48.984	49.964
Steuerliches Ergebnis		661.679	854.077	997.565	1.049.075	1.077.514	1.102.664	1.128.395	1.154.717	1.181.644	1.209.185
Kum. Steuerliches Ergebnis		661.679	854.077	997.565	1.049.075	1.077.514	1.102.664	1.128.395	1.154.717	1.181.644	1.209.185
Steuer Objekt / Gesellschaft	0,00%	0	0	0	0	0	0	0	0	0	0
Cash Flow nach Steuer		989.316	1.175.756	1.314.799	1.364.708	1.392.260	1.416.505	1.441.313	1.466.693	1.492.659	1.519.221
Nettorendite	Ø 6,33%	4,62%	5,49%	6,14%	6,37%	6,50%	6,61%	6,73%	6,85%	6,97%	7,09%
Nach-Steuer-Rendite	Ø 6,33%	4,62%	5,49%	6,14%	6,37%	6,50%	6,61%	6,73%	6,85%	6,97%	7,09%

Anlegerebene, Ermittlung interner Zinsfuß, Performance

Anlegerebene

Anlegerebene (D)	- 12 / 2002	- 12 / 2003	- 12 / 2004	- 12 / 2005	- 12 / 2006	- 12 / 2007	- 12 / 2008	- 12 / 2009	- 12 / 2010	- 12 / 2011
Ausschüttung	629.316	815.756	954.799	1.004.708	1.032.260	1.056.505	1.081.313	1.106.693	1.132.659	1.159.221
Zinsen aus Fondsdarlehen	0	0	0	0	0	0	0	0	0	0
Kapitalertragssteuer (0,00%)	0	0	0	0	0	0	0	0	0	0
Anleger Cash Flow	989.316	1.175.756	1.314.799	1.364.708	1.392.260	1.416.505	1.441.313	1.466.693	1.492.659	1.519.221
Anlegerrendite	4,62%	5,49%	6,14%	6,37%	6,50%	6,61%	6,73%	6,85%	6,97%	7,09%
Ø Anlegerrendite	6,33%									

Ermittlung des internen Zinsfußes

Verkaufsnebenkosten	3,00%
Steuern auf Veräußerung	0,00%
Steuern auf Kapitalerträge	0,00%

Auf Objektebene: 8,22 %

	01.01.2002	01.07.2003	01.07.2004	01.07.2005	01.07.2006	01.07.2007	01.07.2008	01.07.2009	01.07.2010	01.07.2011	31.12.2011
	-21.426.824	989.316	1.175.756	1.364.708	1.392.260	1.416.505	1.441.313	1.466.693	1.492.659	1.519.221	27.063.000

Auf Anlegerebene: 8,22 %

	01.01.2002	01.07.2003	01.07.2004	01.07.2005	01.07.2006	01.07.2007	01.07.2008	01.07.2009	01.07.2010	01.07.2011	31.12.2011
	-21.426.824	989.316	1.175.756	1.364.708	1.392.260	1.416.505	1.441.313	1.466.693	1.492.659	1.519.221	27.063.000

Performance

Jahr	- 12 / 2002	- 12 / 2003	- 12 / 2004	- 12 / 2005	- 12 / 2006	- 12 / 2007	- 12 / 2008	- 12 / 2009	- 12 / 2010	- 12 / 2011
Verkehrswert	23.500.000	24.300.000	24.800.000	25.300.000	25.800.000	26.200.000	26.600.000	27.100.000	27.500.000	27.900.000
Wertzuwachs	2.073.176	800.000	500.000	500.000	500.000	400.000	400.000	500.000	400.000	400.000
Cash Flow nach Steuer	989.316	1.175.756	1.314.799	1.364.708	1.392.260	1.416.505	1.441.313	1.466.693	1.492.659	1.519.221
Performance Objektebene	14,29%	8,41%	7,47%	7,52%	7,48%	7,04%	7,03%	7,39%	6,98%	6,98%
Anleger Cash Flow	989.316	1.175.756	1.314.799	1.364.708	1.392.260	1.416.505	1.441.313	1.466.693	1.492.659	1.519.221
Performance Anlegerebene	14,29%	8,41%	7,47%	7,52%	7,48%	7,04%	7,03%	7,39%	6,98%	6,98%

Wertentwicklung nach SVA-Methode

A. Berechnung des nachhaltig erzielbaren Reinertrages

Jahr		- 12 / 2002	- 12 / 2003	- 12 / 2004	- 12 / 2005	- 12 / 2006	- 12 / 2007	- 12 / 2008	- 12 / 2009	- 12 / 2010	- 12 / 2011
Nachhaltiger Rohertrag		1.393.068	1.420.929	1.449.348	1.478.335	1.507.902	1.538.060	1.568.821	1.600.197	1.632.201	1.664.845
Veränderung der Marktmiete			2,00%	2,00%	2,00%	2,00%	2,00%	2,00%	2,00%	2,00%	2,00%
Instandhaltungskosten/m²		2,00	2,00	2,00	2,00	2,00	2,60	3,20	3,80	4,40	5,00
Instandhaltung Gebäude		12.856	12.856	12.856	12.856	12.856	16.713	20.570	24.426	28.283	32.140
Instandhaltung Stellplätze	0/0	0	0	0	0	0	0	0	0	0	0
Mietausfallwagnis	3,00%	41.792	42.628	43.480	44.350	45.237	46.142	47.065	48.006	48.966	49.945
Interne Verwaltungskosten	3,00%	41.792	42.628	43.480	44.350	45.237	46.142	47.065	48.006	48.966	49.945
Kosten zu Lasten des Fonds		15.324	15.630	15.943	16.262	16.587	16.919	17.257	17.602	17.954	18.313
Summe Kosten		111.764	113.742	115.760	117.818	119.917	125.915	131.956	138.040	144.169	150.344
Reinertrag (nachhaltig)		1.281.304	1.307.187	1.333.588	1.360.517	1.387.985	1.412.145	1.436.865	1.462.157	1.488.032	1.514.501

B. Berechnung des Verkehrswertes

Jahr	- 12 / 2002	- 12 / 2003	- 12 / 2004	- 12 / 2005	- 12 / 2006	- 12 / 2007	- 12 / 2008	- 12 / 2009	- 12 / 2010	- 12 / 2011
RND (Jahre)	70	69	68	67	66	65	64	63	62	61
Liegenschaftszins	5,25%	5,25%	5,25%	5,25%	5,25%	5,25%	5,25%	5,25%	5,25%	5,25%
Vervielfältiger	18,52	18,49	18,46	18,43	18,40	18,36	18,33	18,29	18,25	18,21
Reinertrag (nachhaltig)	1.281.304	1.307.187	1.333.588	1.360.517	1.387.985	1.412.145	1.436.865	1.462.157	1.488.032	1.514.501
Bodenwertverzinsung	414.549	414.549	414.549	414.549	414.549	414.549	414.549	414.549	414.549	414.549
Gebäudeertragsanteil	866.755	892.638	919.039	945.968	973.436	997.596	1.022.316	1.047.608	1.073.483	1.099.952
Gebäudeertragswert	16.052.306	16.504.883	16.965.464	17.434.192	17.911.215	18.315.855	18.739.051	19.160.747	19.591.059	20.030.130
Bodenwert	7.896.173	7.896.173	7.896.173	7.896.173	7.896.173	7.896.173	7.896.173	7.896.173	7.896.173	7.896.173
Ertragswert	23.948.479	24.401.056	24.861.637	25.330.365	25.807.388	26.212.028	26.635.224	27.056.920	27.487.232	27.926.303
Summe Zu- und Abschläge	-448.479	-101.056	-61.637	-30.365	-7.388	-12.028	-35.224	43.080	12.768	-26.303
Verkehrswert	23.500.000	24.300.000	24.800.000	25.300.000	25.800.000	26.200.000	26.600.000	27.100.000	27.500.000	27.900.000

C. Berechnung der Zu- und Abschläge

Jahr		- 12 / 2002	- 12 / 2003	- 12 / 2004	- 12 / 2005	- 12 / 2006	- 12 / 2007	- 12 / 2008	- 12 / 2009	- 12 / 2010	- 12 / 2011
Differenz zur Marktmiete		-314.304	-143.572	-23.815	556	567	578	590	601	613	626
Externe Verwaltungskosten	1,00%	-3.143	-1.436	-238	6	6	6	6	6	6	6
Interne Verwaltungskosten	3,00%	-9.429	-4.307	-714	17	17	17	18	18	18	19
Mietausfallwagnis	3,00%	-9.429	-4.307	-714	17	17	17	18	18	18	19
Reinertrag der Mietdifferenz		-292.302	-133.522	-22.148	517	527	538	548	559	570	582
Barwert der Mietdifferenz	5,25%	-404.630	-145.540	-18.850	3.034	2.719	2.370	1.983	1.556	1.085	568
Barwert aus Sondermieten		0	0	0	0	0	0	0	0	0	0
Zu- und Abschläge		0	0	0	0	0	0	0	0	0	0
Zu- und Abschläge (Rundung)		-43.849	44.483	-42.787	-33.400	-10.107	-14.398	-37.207	41.524	11.682	-26.871
Summe Zu- und Abschläge		-448.479	-101.056	-61.637	-30.365	-7.388	-12.028	-35.224	43.080	12.768	-26.303

4 Wesentliche Formen der Projektentwicklung

Die wesentlichen Formen der Projektentwicklung leiten sich in aller Regel aus der Prozessorientierung bzw. dem Lebenszyklus einer Immobilie oder der Nutzerart (Mieter oder Eigennutzer) ab.

Wesentliche Formen der Projektentwicklung sind einerseits die mietgenutzten Investorenprojekte mit dem Neubauprojekt und dem Bestandsentwicklungsprojekt. Beim Neubauprojekt wird in der zeitlichen Abfolge nach der Fertigstellung aus dem Projekt ein Objekt. Bei dem Bestandsentwicklungsprojekt hingegen wird aus einem bestehenden Objekt ein zu entwickelndes Projekt, das nach Fertigstellung wiederum zu einem nutzbaren Objekt wird. Zum anderen sind es die eigengenutzten Projekte, die auch wieder in der Form eines Neubauprojekts oder eines Bestandsentwicklungsprojektes vorkommen. Nachfolgend soll kurz auf einige typische Besonderheiten dieser wesentlichen Formen der Projektentwicklung eingegangen werden.

4.1 Mietergenutzte Investorenprojekte

4.1.1 Neubauprojekt

Zu Beginn einer Projektentwicklung steht in aller Regel der konkrete Mieter noch nicht fest. Daher muss das Lasten- und Pflichtenheft (Grundlagenermittlung) vom (End-) Investor definiert werden. Der Investor wird dies auf der Basis seiner Markterfahrung, der Marktgegebenheiten und der Marktprognosen tun. Der Ausgangspunkt eines Neubauprojektes kann entweder ein bisher noch nicht bebautes, aber bebaubares Grundstück sein oder aber ein Grundstück, dessen vorhandene Bebauung entfernt wird und das mit einer neuen Bebauung versehen wird.

Um überzogenen und gefährlichen spekulativen Grundstückskäufen vorzubeugen, schreibt das Gesetz einigen Investoren (z. B. Offenen Immobilienfonds) vor, dass diese nur einen Teil des Treuhand-Vermögens in unbebaute Grundstücke investieren dürfen. Bei den Offenen Immobilienfonds entspricht dies 20 % des Sondervermögens. Im Falle einer Projektentwicklung auf einem unbebauten Grundstück kommt einem gesicherten Baurecht eine höhere Bedeutung zu, als dies auf einem bereits bebauten Grundstück der Fall ist. Für ein bebautes Grundstück existiert in aller Regel bereits ein gültiger Bebauungsplan. Sollten im Rahmen von Projektfinanzierungen eventuell notwendige Grundstücksbeleihungen erforderlich werden, so ist zu beachten, dass in den Beleihungsgrundsätzen (BelG) mindestens gefordert wird, dass der Projektplanung ein rechtskräftiger Bebauungsplan (§ 30 Bau BG) oder ein (Bau-) Vorbescheid zugrund liegt und die Erschließung des Grundstückes gesichert ist.

4.1.2 Bestandsentwicklungsprojekt

Prinzipiell wird hier ein Altobjekt durch eine Projektentwicklung in ein neues Objekt überführt, wobei wesentliche Teile (z. B. der Rohbau) des Altbauobjektes erhalten bleiben. Ein Bestandsentwicklungsprojekt ist i. d. R. gekennzeichnet durch:

- Baumassenerhöhungen
  - Umbau
  - Anbau
  - Aufbau
  - Unterbau

- Veränderungen innerhalb gleicher Baumasse:
  - Umnutzung
  - Neue innere Verkehrsflächen (Treppen, Aufzüge etc.)
  - Neue Gebäudetechnik
  - Neue Fassade
  - Neue Geschossaufteilung hinter einer alten Fassade

Eine Bestandsprojektentwicklung ist aus den nachfolgenden Gründen in aller Regel schwieriger und teurer als eine Neubau-Projektentwicklung.

- Die Planung erstreckt sich nicht nur auf den veränderten bzw. ergänzten Projektteil, sondern es müssen vielmehr auch die Schnittstellen zu weiterhin bestehen bleibenden Altobjektteilen geplant werden (vgl. hierzu Umbaukostenzuschlag gemäß Honorarordnung für Architekten und Ingenieure HOAI)

- Die Bauausführung ist teurer, da nicht nur die neue Bauausführung realisiert wird, sondern dazu noch die alte Bausubstanz entfernt werden muss und gegebenenfalls noch Anpassungsarbeiten an der bestehend bleibenden Altbausubstanz durchgeführt werden müssen.

- Die Projektrealisierungszeit ist in aller Regel länger als bei einem Neubauprojekt – dadurch steigen beispielsweise die Finanzierungszinsen.

- In aller Regel kann während der Bestandsentwicklung das Altobjekt nicht oder nur teilweise vermietet werden. Ertragseinbußen bzw. Ertragsausfälle sind die mögliche Folge.

- Anforderungen und Vorgaben hinsichtlich eines bestehenden Denkmalschutzes sind ggf. zu beachten.

Den bei einer Bestandsentwicklung aufzuwendenden Kosten stehen folgende wesentlichen wirtschaftliche Vorteilen gegenüber:

- Verjüngung des Altbestandes
  - Wertzuwachs durch Erhöhung der Restnutzungsdauer
  - Geringere zukünftige Bewirtschaftungskosten im Bereich der Instandhaltung
- Zusätzliche Erträge und Wertzuwächse
  - durch Baumassenerhöhungen (Flächenerhöhungen)
  - höherwertige Nutzungen (z. B. Büroflächen statt Lagerflächen)
  - höhere Mieten für neue und hochqualitative Mietflächen
- Zusätzliche steuerliche Möglichkeiten
  - Abschreibungen

Eine Bestandsprojektentwicklung erfordert in aller Regel eine höhere Kreativität in der Projektideenfindung. Aus ökologischer und volkswirtschaftlicher Sicht kommen der Erhaltung von historisch wertvoller Bausubstanz (Denkmalschutz) und der Verringerung des Flächenverbrauchs für Bauland eine entscheidende zusätzliche Bedeutung zu.

Abb. 4-1 Revitalisierter Innenbereich des LeCentorial in Paris als Beispiel einer Bestandsprojektentwicklung[1]

---

[1] Deka Immobilien Investment GmbH, Frankfurt am Main

Abb. 4-2   Alte Außenfassade vom LeCentorial Paris[1]

---

[1] Deka Immobilien Investment GmbH, Frankfurt am Main

4.2 Eigengenutzte Projekte

Bei eigengenutzten Projekten gilt hinsichtlich der Unterscheidung von Neubauprojekten und Bestandsprojektentwicklungen zunächst das Gleiche wie bei den vermieteten Projekten. Die eigengenutzten Projekte zeichnen sich im Unterschied zu den (marktgerecht projektierten) vermieteten Projekten i. d. R. durch eine höhere Individualität aus, die aber auch zu folgenden Besonderheiten führen kann:

- Höhere oder völlig fehlende Signifikanz / Repräsentativität
- Häufiger Solitärstandort
- Gebäude für einen Nutzer konzipiert (evtl. spätere Vermietung nur mit Zusatzaufwand wegen fehlender Flexibilität möglich)
- Häufige betreiberorientierte Sondernutzung (Produktion etc.)

Aus eigengenutzten Projekten werden Immobilienobjekte, die bei einer Zuführung zum Immobilienmarkt durch Vermietung oder Verkauf häufig den Kriterien einer marktgerechten Projektentwicklung gemäß Kapitel 3 in hohem Maße nicht genügen. Dadurch werden die Möglichkeiten eines Corporate Real Estate Managements im Bereich der Erlöspotentiale erheblich eingeschränkt.

4.3 Projektrisiken

Den offenkundigen Chancen der Projektentwicklung stehen jedoch auch zahlreiche Risiken gegenüber. Risiken müssen zunächst erkannt, in ihrer Bedeutung gewichtet und bewertet werden. Anschließend müssen die Risiken durch rechtzeitig eingeleitete Maßnahmen in ihren Auswirkungen minimiert werden. Es sollte jedoch immer die Gültigkeit folgender Aussage bedacht werden:

„Projektentwicklung enthält immer ein unvermeidbares Risiko."

Im Wesentlichen kann zwischen den so genannten internen und externen Risiken unterschieden werden. Die internen Risiken sind weitgehend durch den Projektentwickler selbst beeinflussbar, während sich die externen Risiken dem Einfluss des Projektentwicklers entziehen.

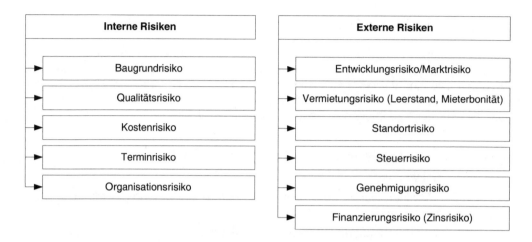

Abb. 4-3 Interne und Externe Risiken der Projektentwicklung

Es können projektbedingt weitere Risiken auftreten, auf die hier jedoch nicht weiter eingegangen werden soll. Dies kann z. B. das Währungsrisiko bei Auslandsprojekten sein. Wegen der grundsätzlichen Möglichkeit der Ablehnung stellt insbesondere das Genehmigungsrisiko ein existentielles Projektrisiko dar. Hierbei sind der Genehmigungsumfang und die Genehmigungsdauer von hoher Bedeutung.

Auch durch die Integration eines aktiven Risikomanagements in den Projektentwicklungsprozess können nicht alle denkbaren Risiken ausgeschlossen werden, es ist lediglich möglich das vorhandene Risikopotential zu minimieren.

5 Kapitalbeschaffung (Finanzierung), Steuer

5.1 Kapitalbeschaffung

5.1.1 Grundsätzliches und Definitionen

Wenn der Projektentwickler das Projekt nicht oder nicht ganz mit Eigenkapital finanzieren kann bzw. möchte und ein Endinvestor noch nicht feststeht, benötigt der Projektentwickler eine Finanzierung, in aller Regel einen Kredit. In der Praxis der Immobilienwirtschaft wird Fremdkapital in unkritischen Zeiten des Immobilienmarktes bis zu 100 % des benötigten Gesamtkapitals von Finanzierungsgebern gewährt. In Zeiten fallender Mieten, steigender Leerstände oder steigender Insolvenzen (z. B. seit ca. 1994) wird seitens der Banken vom Projektentwickler ein erheblicher Umfang an Eigenkapital erwartet (etwa 20 – 50 % des benötigten Gesamtkapitals). Für einen Kredit zahlt der Finanzierungsnehmer üblicherweise an den Finanzierungsgeber Zinsen und Tilgung in €/Jahr. Beide Größen werden im Finanzierungsvertrag definiert und quantifiziert. Wenn eine Projektfinanzierung sowohl mit Fremdkapital als auch mit Eigenkapital finanziert wird, weicht in der Regel die Gesamtrendite von der Eigenkapitalrendite ab.

In diesem Zusammenhang spricht man von einem positiven Leverage-Effekt, wenn durch die Aufnahme von Fremdkapital

(Eigenkapitalrendite) r EK > r GK (Gesamtkapitalrendite)

oder:

$$\frac{R - i \cdot FK}{EK} > \frac{R}{GK}$$

R = Ergebnis vor Zinsen und Steuern
i = Fremdkapitalzinssatz
FK = Fremdkapital
EK = Eigenkapital
GK = Gesamtkapital (= Eigenkapital + Fremdkapital)

In der Regel wird ein positiver Leverage-Effekt nach der Steuer größer. Eine Projektfinanzierung unterscheidet sich von einer traditionellen Finanzierung durch einen
üblicherweise deutlich kleineren Eigenkapitalanteil am Gesamtkapital.

Projektentwicklungs- bzw. Immobilienkredite können durch die folgenden vier Varianten differenziert werden:

- Laufzeitalternativen
    - Kurzfristig (Vor- und Zwischenkredite)
    - Mittelfristig (Anfangsfinanzierungskredite)
    - Langfristig (Endfinanzierung)

- Rückzahlung (Tilgungslaufzeiten)
    - Blockkredit (kurz- bis langfristig)
    - Tilgungskredit als Raten- und Annuitätenkredit
    - Unternehmenskredit

- Zinsgestaltung
    - Variabel
    - Festzinssatz
    - Cap-Vereinbarung

- Kreditformen
    - Vor- und Zwischenfinanzierungskredit
    - Endfinanzierungskredit
    - Leasingfinanzierung
    - Fondsfinanzierung
    - Fortfaitierungskredit
    - Gesellschafterdarlehen

Aus der Sicht des Projektentwicklers können sich durch Projektfinanzierungen vielfältige Vorteile ergeben. Zum einen kann die Finanzierbarkeit überhaupt erst ermöglicht
werden, zum anderen können mehr Immobilien entwickelt werden (Katalysatorfunkti-
on). Weiterhin kann der Research und die Erfahrung des Finanzierungsgebers
(Bank) aktiviert und das Risiko gemindert werden. Auch ergibt sich die Möglichkeit für
den Projektentwickler einen Vorabgewinn zu erzielen und im Gesamten betrachtet
wird das Risiko verteilt (Risk sharing).

Die Nachteile einer Projektfinanzierung ergeben sich aus der Sicht des Projektentwicklers durch die Fremdteilnahme am Entwicklergewinn, durch den Eingriff in die Selbstständigkeit des Entwicklers und durch den höheren Abstimmungsbedarf.

5.1.2 Finanzierungsvorgang

Jede Finanzierung einer Projektentwicklung muss zunächst von der Grundregel ausgehen, dass „schlechte" Projekte auch nicht durch den Einsatz der Projektfinanzierung zu „guten" Projekten werden können. Sofern das Fremdkapital von einer Bank stammt, unterliegt die Finanzierung der Gesetzeskontrolle (Risikostreuung) durch die quantitative Steuerung nach dem Kreditwesengesetz (KWG) und die quantitative Beschränkung nach dem Hypothekenbankgesetz (HypbankG). Beim Kreditwesengesetz erfolgt die quantitative Steuerung hinsichtlich der Risikogrundsätze, der Liquiditätsgrundsätze, der Beleihungsgrundsätze, der Grenze von Großkrediten, dem Millionen- bzw. Organkredit, der Kreditnehmereinheit und der Offenlegung der wirtschaftlichen Verhältnisse. Bei der Beschränkung nach dem Hypothekenbankgesetz erfolgt dies durch gegen Grundpfand abgesicherte Kredite, durch Refinanzierungsbeschränkungen, durch die Umlaufgrenze und durch Bewertungsvorschriften. Bei einer Projektfinanzierung wird der Finanzierungsgeber das Projekt als Pfandprojekt betrachten. Dies bedeutet, dass der Kreditgeber die Projektentwicklung aus der Sicht der Risikopolitik des Kreditinstituts betrachten wird. Er wird daher den Finanzierungsantrag des Projektentwicklers mit mindestens den gleichen Überprüfungen hinsichtlich Wertermittlung und den Überprüfungen hinsichtlich der Kriterien einer bedarfsgerechten Projektentwicklung unterziehen. Er wird insbesondere einen konsequenten Vergleich der zeitpunktbezogenen Kosten- und Wertstände durchführen.

Darüber hinaus wird das Kreditinstitut den folgenden Punkten besondere Beachtung schenken:

- Gesamtherstellungskostensicherheit

- Beurteilung des Kreditnehmers hinsichtlich seiner:

  - Kreditfähigkeit, also die schuldrechtliche Legitimation, Schuldversprechen eingehen zu können (Minderjährige, Erben etc.)
  - Kreditwürdigkeit
    - Erfahrungsnachweise
    - Einkommensnachweis, Vermögensnachweis
    - Bank- und Selbstauskünfte
    - Jahresabschlussanalysen
  - Kreditsicherheit (Pfandrechte, Bürgschaften, Versicherungen, Sicherungsübereignung und Zessionen)

- Zuverlässigkeit der Beteiligten der Projektentwicklung (z. B. Architekten, Bodengutachter, Tragwerksplaner, Sonderfachleute und ausführende Firmen)

- Besondere Beachtung der Genehmigungssicherheit der Projektentwicklung (baurechtlich, gewerblich)

5.2 Steuer

Die Besteuerung von Immobilien und damit von Projektentwicklungen ist durch große Unterschiedlichkeit gekennzeichnet. Die Differenzierungen ergeben sich teilweise aus dem System der Besteuerung, erklären sich aber auch aus der besonderen wirtschafts- und sozialpolitischen Bedeutung von Immobilieninvestitionen und – damit verbunden – der regen steuerpolitischen (Förderungs-) Aktivität auf diesem Sektor. Die bestehende Vielfalt unterschiedlicher steuerlicher Regelungen in der Immobilienwirtschaft sorgt einerseits vielfach für Verwirrungen, eröffnet andererseits ein breites Feld einzelwirtschaftlicher Gestaltungen.

Jede Investition hat einen Anfang und ein Ende! Die Berechnung von Wirtschaftlichkeitskennziffern muss daher den gesamten Investitionszeitraum vollständig abbilden und alle relevanten Zahlungen berücksichtigen. Grob fahrlässig und meist irreführend sind „Berechnungen", die etwa nur die Investitionsphase berücksichtigen und daraus ihr (unbrauchbares) Urteil ableiten. Generell sollte berücksichtigt werden, dass „Steuerersparnisse" ein wichtiges Argument sind – sie allein erlauben jedoch kein schlüssiges Qualitäts- und Bonitätsurteil. Es sind vielmehr alle Zahlungen, einschließlich eventuell ausgelöster Steuererstattungen und -zahlungen zu berücksichtigen. „Steuerbegünstigende" Regelungen können die Vorteilhaftigkeit (Vermögensmehrung, Rendite) einer Investition gegenüber dem Zustand ohne diese Förderung (entscheidend) erhöhen, keinesfalls bedeutet dies aber, dass „steuerbegünstigte" Investitionen von vornherein schon vorteilhaft seien!

Steuerliche Vorteile bei Immobilieninvestitionen wirken je nach Höhe als ausgesprochene Katalysatoren. Mit ihnen wird in aller Regel ein bestehendes Marktgleichgewicht verändert. Das Problem ergibt sich aus dem Zeitraum, für den steuerliche Vorteile gewährt werden. Der berühmte „Tropfen auf den heißen Stein" ist ebenso wenig willkommen wie die noch gefährlichere, weil zu lange Dauer der Gewährung von steuerlichen Vorteilen. Dadurch wird eine extreme Überversorgung des Marktes mit Flächenangeboten erzeugt, der keine entsprechende Nachfrage gegenübersteht, und das Mietpreisgefüge kann extrem aus dem Gleichgewicht geraten. Im Rahmen dieses Buches würde es zu weit führen, sämtliche Steueraspekte bei Immobilieninvestitionen im In- und Ausland zu erläutern. Es wird daher im Folgenden auf die wichtigsten inländischen Steuersysteme – soweit diese immobilienrelevant sind – eingegangen. Im Einzelnen sind dies die Grundlagen für die steuerlichen Grundtypen von Immobilieninvestitionen, die Immobilienbesteuerung und die Förderung von Immobilieninvestitionen.

5.2.1 Grundlagen

Das etwa 50 Steuerarten umfassende Steuersystem in Deutschland wird traditionell in direkte und indirekte Steuern unterschieden, wie in nachstehender Abbildung dargestellt.

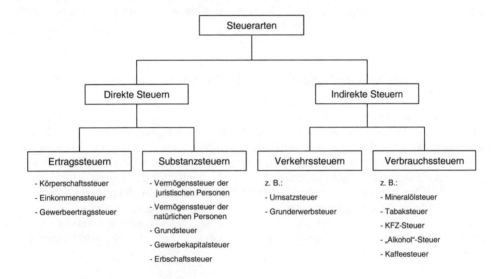

Abb. 5-1 Systematik der Steuerarten

Der Staat benötigt finanzielle Mittel zur Erfüllung der von ihm übernommenen Aufgaben. Die Ausgaben der öffentlichen Haushalte (Bund, Länder und Kommunen) werden durch Steuern, andere Abgaben und Kreditaufnahmen gedeckt. Die Rechtsquellen des Steuerrechts sind die Rechtsnormen mit Allgemeinverbindlichkeit, die Gerichtsentscheidungen mit Einzelfallbindung und die Verwaltungsanweisungen mit (nur) interner Bindung der Finanzverwaltung. Die Rechtsnormen umfassen die völkerrechtlichen Vereinbarungen, nationalstaatliche Gesetze und Rechtsverordnungen aufgrund gesetzlicher Ermächtigungen. Unter Gerichtsentscheidungen fallen die Normenkontrollverfahren vor dem Bundesverfassungsgericht und die Einzelfallentscheidungen des Bundesfinanzhofes und der Finanzgerichte der Länder. Unter den Verwaltungsanweisungen sind die Verlautbarungen der Finanzministerien, die Steuerrichtlinien, Schreiben des Bundesministeriums für Finanzen, die Ländererlasse und die Anweisungen der Oberfinanzdirektionen (OFD-Verfügungen) zu verstehen.

Die wichtigste Steuerart ist die erst im 19. Jahrhundert eingeführte Einkommensteuer. Besteuert wird das von einer Person während einer Rechnungsperiode (Kalenderjahr) erzielte Einkommen. In der Theorie ist die genaue Definition des Begriffs „Einkommen" noch umstritten und weitgehend ungeklärt. Das Einkommen kann in Einkunftsarten differenziert werden. Dies sind zum einen die betrieblichen Einkünfte aus der Land- oder Forstwirtschaft, aus einem Gewerbebetrieb oder aus selbstständiger Arbeit und zum anderen die Haushaltseinkünfte aus nichtselbstständiger Arbeit, aus Kapitalvermögen, aus Vermietung und Verpachtung und die sonstigen Einkünfte im Sinne von § 22 des Einkommenssteuergesetzes. Diese sonstigen Einkünfte sind subsidiäre Einkunftsarten, d. h. sie kommen nur dann zum Zuge, wenn die den Grundbesitz betreffenden Einnahmen und Ausgaben nicht bereits innerhalb der betrieblichen Einkünfte erfasst werden. Neben der Einkommensteuer sind für die Besteuerung von Immobilien alle Substanzsteuern, die Erbschafts- und Schenkungssteuer, sowie einige Verkehrssteuern relevant.

5.2.2 Steuerliche Grundtypen von Immobilieninvestitionen

Immobilieninvestitionen können auf vielfältige Weise systematisiert werden. So kann es etwa für die Besteuerung von Bedeutung sein, ob eine Immobilieninvestition im Betriebs- oder Privatvermögen erfolgt, ob diese mit oder ohne (Liebhaberei) Einkünfteerzielungsabsicht durchgeführt wird, ob diese zur Vermietung oder Selbstnutzung bestimmt ist, ob diese zu Wohnzwecken genutzt wird oder nicht, ob diese Anschaffungs- oder Herstellungskosten auslöst oder ob diese innerhalb bestimmter Förderzeiträume oder innerhalb bestimmter geförderter Regionen durchgeführt wird. Zur grundsätzlichen Differenzierung sollte unterschieden werden, ob eine Vermietung oder Selbstnutzung vorliegt, ob das Projekt (Objekt) im steuerlichen Betriebsvermögen oder im steuerlichen Privatvermögen liegt oder ob das Projekt (Objekt) zu Wohnzwecken dient oder nicht.

Hinsichtlich der Besteuerung gelten hierbei die folgenden drei Grundfälle:

1. Die Überlassung einer Immobilie an Dritte gegen Entgelt führt in der Regel - je nach steuerlicher Zugehörigkeit der Immobilie zum Betriebs- oder Privatvermögen - zu betrieblichen, meist gewerblichen Einkünften oder zu Einkünften aus Vermietung und Verpachtung. Die Ausnahme bilden hier die Offenen Immobilienfonds, bei denen Einkünfte aus Kapitalvermögen vorliegen.

2. Die Selbstnutzung einer Immobilie im Rahmen einer Einkunftsart wird regelmäßig in der Weise steuerlich erfasst, dass die mit dem Gebäude im Zusammenhang stehenden Ausgaben steuerlich berücksichtigt werden. Die „Einnahmen" ergeben sich hier aus den „ersparten" Mietausgaben.

3. Die Selbstnutzung von Wohnungen, für die bis 31.12.1986 im Rahmen einer „Investitionsgutlösung" eine Nutzwertbesteuerung durchgeführt wurde, ist seit dem 01.01.1987 im Rahmen der „Konsumgutlösung" der Einkommensverwendung zugeordnet und steuerlich grundsätzlich nicht mehr relevant. Wegen der umfangrei-

chen Sonderregelungen zur Selbstnutzung von Wohnungen wird diese Fallgestaltung jedoch nicht weiter erörtert.

5.2.3 Immobilienbesteuerung

Die wesentlichen Steuerarten bei der Immobilienbesteuerung sind die Einkommenssteuer bei gewerbewirtschaftlicher Immobiliennutzung, die Substanzsteuern und die Verkehrssteuern.

Bei der Einkommenssteuer bei der gewerbewirtschaftlichen Immobiliennutzung kann zwischen den folgenden drei Bereichen unterschieden werden:

- Kurzfristbereich (Beschaffungsphase)

  Abgesehen von der Grunderwerbssteuer und umsatzsteuerlichen Gesichtspunkten können im Rahmen von Vorkosten (z. B. Finanzierung) einkommenssteuerliche Wirkungen ausgelöst werden.

- Langfristbereich (laufende Betriebsphase)

  Die laufende Besteuerung der Immobilieninvestition erfolgt in der Weise, dass periodisch der Erfolg als Differenz zwischen Einnahmen und Ausgaben ermittelt wird und der individuellen Einkommensbesteuerung unterworfen wird.

- Beendigungsphase

  Ein eventueller Veräußerungsgewinn wird im steuerlichen Betriebsvermögen der Besteuerung unterworfen, bleibt hingegen im steuerlichen Privatvermögen steuerfrei. Hierbei gilt die Voraussetzung, dass mindestens 10 Jahre zwischen Anschaffung und Veräußerung vergangen sind (Spekulationsfrist).

Die Substanzsteuern sind historisch die Vorläufer der allgemeinen Einkommenssteuer. Die Substanzsteuerarten (Grundsteuer und bei unentgeltlicher Vermögensübertragung die Erbschafts- und Schenkungssteuer) greifen bei der Besteuerung von Immobilien auf einen einheitlichen Steuerwert, den so genannten Einheitswert bzw. auf ein vereinfachtes Ertragswertverfahren zurück. Der Einheitswert muss nach den Vorschriften des Bewertungsgesetzes für den Grundbesitz in Zeitabständen von 6 Jahren allgemein festgehalten werden (§ 21 BewG). Die Ermittlung der Einheitswerte für bebaute Grundstücke – geregelt in §§ 74-94 BewG – erfolgt in Abhängigkeit von der Grundstücksart analog den Prinzipien des Ertragswert- und Sachwertverfahrens. Wegen der lange zurückliegenden Hauptfeststellungszeitpunkte liegen die steuer-rechtlichen Einheitswerte weit unter den Verkehrswerten. Mit dem Jahressteuergesetz 1997 ist die Vermögenssteuer als Substanzsteuer abgesetzt worden. Bei der Grundsteuer bleiben die Einheitswerte nach den Wertverhältnissen vom 01.01.1964 (in den neuen Bundesländern vom 01.01.1935) als Bemessungsgrundlage unverändert. Doch ist damit zu rechnen, dass die Erhebung der Grundsteuer – ausgelöst durch den Beschluss des Bundesverfassungsgerichtes – langfristig neu geregelt wird.

Bei den Verkehrssteuern handelt es sich um die Grunderwerbssteuer. Diese knüpft in erster Linie an den Grundstückskaufvertrag an. Der Steuersatz beträgt seit dem 01.01.1997 3,5 % der Bemessungsgrundlage des Kaufpreises oder gegebenenfalls des Einheitswertes und wird in der Regel vom Erwerber getragen. Grundstücksübertragungen sind bei der Umsatzsteuer grundsätzlich freigestellt, ebenso wie die Vermietung und Verpachtung. Zur Vermeidung von Vorsteuernachteilen kann jedoch auf die Steuerbefreiung verzichtet werden. Ein ausgeübter Verzicht auf die Umsatzsteuerbefreiung führt dazu, dass im Rahmen von Beschaffungsvorgängen offen ausgewiesene Vorsteuerbeträge erstattet werden können (Optionsrecht nach § 9 Abs. 1 UstG). Das Optionsrecht wird jedoch bei der Vermietung und Verpachtung nur in bestimmten Fällen gewährt.

5.2.4 Förderung von Immobilieninvestitionen

Aus wirtschafts- und sozialpolitischen Erwägungen sind Immobilieninvestitionen seit jeher Gegenstand der steuerlichen Förderung. Die Immobilieninvestitionsförderung steht dabei regelmäßig im Dienst einer bestimmten politischen Zielsetzung und will durch steuerliche Anreize Investoren zu entsprechendem Handeln veranlassen. Eine Förderung von Immobilieninvestitionen, insbesondere im Bereich der Projektentwicklung, kann auf unterschiedliche Art und Weise erfolgen. Mögliche Ansatzpunkte sind zum einen die Förderung des Angebots an Immobilien durch Senkung der (Gestehungs-) Kosten und zum anderen die Förderung der Nachfrage nach Immobilien durch Erhöhung der Immobilienerträge, wobei auch beide Möglichkeiten gleichzeitig zum Tragen kommen können. Weitere traditionelle Förderungsangebote sind die Gewährung von Investitionsprämien (Investitionszulage oder -zuschuss), die Gewährung zinsbegünstigter Immobilienkredite oder auch die Einräumung zinsloser Steuerkredite, die normalerweise durch beschleunigte Abschreibungen erreicht werden können. Das größte Gewicht haben spezielle vorgezogene Gebäudeabschreibungen, wie die Folgenden:

- Erhöhte Abschreibungen für Baumaßnahmen an Gebäuden zur Schaffung neuer Mietwohnungen (§ 7c EStG), bei Fertigstellung vor dem 01.01.1996
- Erhöhte Abschreibungen für Wirtschaftsgüter des Anlagevermögens, die dem Umweltschutz dienen (§ 7d EStG), bei Fertigstellung vor dem 01.01.1991
- Erhöhte Abschreibungen bei Gebäuden in Sanierungsgebieten und städtebaulichen Entwicklungsgebieten (§ 7h EStG)
- Erhöhte Abschreibungen bei Baudenkmälern (§ 7i EStG)
- Sonderabschreibungen nach dem Fördergebietsgesetz (§ 4 FörderGG) bis 01.01.1999

6 Wichtige Bestandteile der Projektentwicklung

In Kapitel 1 wurde die Prozessorientierung der Projektentwicklung an sich herausge-stellt. Im Zuge des Projektentwicklungsprozesses sind verschiedene „Meilensteine" wichtige Bestandteile einer geordneten Projektentwicklung. Zu diesen wesentlichen Meilensteinen gehören der Grundstückskaufvertrag bzw. der Kaufvertrag, der Pla-nungsvertrag, der Projektsteuerungsvertrag, der Bauvertrag, der Projektentwick-lungsvertrag, der Mietvertrag, die sonstigen Vertragsarten und die Machbarkeitsstu-die (Feasibility Studie). Im Folgenden soll auf die Inhalte dieser Meilensteine in gebo-tener Kürze näher eingegangen werden.

6.1 Grundstückskaufvertrag / Kaufvertrag

Sofern das Grundstück nicht bereits im Besitz des Projektentwicklers ist (z. B. bei Eigennutzung), sollte i. d. R. die Sicherung des Grundstückes zu einem frühen Zeit-punkt der Projektentwicklung erfolgen. Für die Sicherung des Grundstückserwerbs bieten sich prinzipiell die Option (Ankaufsrecht), der bedingte Kaufvertrag oder der unbedingte Kaufvertrag an.

Dagegen ist das Vorkaufsrecht als Vertragsgestaltung zur Sicherung des Grund-stückserwerbs völlig ungeeignet, da der Vorkaufsberechtigte den Kaufpreis zu zahlen hat, der im Vertrag mit einem Dritten vereinbart worden ist. Hierbei nimmt der Verkäu-fer die durch die Tätigkeit des Projektentwicklers geschaffene Wertentwicklung „mit". Weiterhin sind die Möglichkeiten des „Aushebelns" eines Vorkaufsrechtes sehr viel-fältig.

Das Optionsrecht bei Grundstücken ist das Recht, durch einseitige Erklärung, unab-hängig von einer weiteren Willenserklärung des anderen Teils, einen Kaufvertrag zustande zu bringen. Kennzeichnend ist, dass der Eigentümer sich für einen be-stimmten Zeitraum – nämlich die Optionsfrist – bindet und es im freien Belieben des durch die Option Begünstigten liegt, ob der Vertrag zustande kommt. Der Hauptein-wand gegen die Option – in der allein interessensgerechten Form des Angebotsver-trages, d. h. der Angebotsempfänger wirkt bei der Beurkundung des Angebotes mit – ist die ungeklärte Frage der Konkursfestigkeit der Vormerkung.

Der Abschluss eines bedingten Kaufvertrages, unter Vereinbarung einer aufschie-benden Bedingung für sein Wirksamwerden, ist interessensgerechter als die Option, da in aller Regel die Mitwirkung des Angebotsempfängers bei der Beurkundung des Angebotes sowieso unverzichtbar ist (vgl. Option) und die Fallstricke vermieden wer-den, die bei einer Sukzessivbeurkundung von Angebot und Annahme ausgelegt sind.

Der unbedingte Kaufvertrag bietet sich an, wenn – wie in der Regel bei der Option und dem bedingten Kaufvertrag – keine ungeklärten Fallgestaltungen wie beispielsweise ein ungeklärtes Baurecht, eine fehlende Erschließung, offene Eigentumsfragen (neue Bundesländer), ungesicherte Finanzierung (Finanzierungszusage ist abhängig von der Baugenehmigung, dem Vermietungsnachweis, der Vorlage von Kaufverträgen mit Dritten), der Altlastenproblematik und der Ungewissheit der Vermarktungsmöglichkeiten vorliegen. Die wesentlichen Punkte, die ein unbedingter Kaufvertrag enthalten bzw. klären sollte, sind:

1. Bezeichnung der Parteien

2. Bezeichnung des Grundstücks (Grundbuchstand, Baulastenverzeichnis)

3. Vertragsgegenstand (inkl. Zubehör)

4. Kaufpreis (Höhe, Fälligkeit, Verzugszinsen)

5. Voraussetzungen für Fälligkeiten, beispielsweise:
   - Vorlage von Unterlagen gemäß einer Checkliste
   - Lastenfreiheit des Grundstückes
   - Nichtausübung eines eventuell bestehenden Vorkaufsrechtes
   - Unbedenklichkeitsbescheinigung des Finanzamtes
   - Fertigstellung des Kaufgegenstandes
   - Zusagen hinsichtlich bestehender Mietverträge oder anderen Rechtsbeziehungen bei bebauten Grundstücken

6. Finanzierungsvereinbarung (Schuldübernahme, Abtretung, Ablösung, Zahlung, Treuhänderauftrag)

7. Gewährleistung für Sach- und Rechtsmängel

8. Besitzübergang (Nutzen, Lasten, Gefahr, Haftung, Steuern, Abgaben)

9. Regelung über Anliegerkosten und Erschließungsbeiträge

10. Regelung über Kosten für die Beseitigung von Altlasten

11. Feststellung, ob der Verkäufer über den gesamten Vertragsgegenstand verfügt, bzw. ob güterrechtliche Zustimmungen erforderlich sind

12. Kostenregelung für Beurkundung und Vollzug des Kaufvertrages

13. Grunderwerbssteuer

14. Kostenregelung für Beseitigung von Belastungen (Grundbuch)

15. Erfüllungsort, Gerichtsstand

16. Vollmachten (bei Kaufpreisfinanzierungen auch zur Bestellung von Grundschulden)

17.   Salvatorische Klausel

18.   Rücktrittsrechte

19.   Anlagen zum Kaufvertrag (evtl. Mietverträge, Genehmigungen, Pläne, Berechnungen, sonstige Anlagen nach Checkliste)

6.2 Planungsvertrag

Bei jeder Projektentwicklung werden Planungsleistungen benötigt. Für die Vertragsgestaltung hinsichtlich von Planungsleistungen gelten unter anderem das AGB-Gesetz (Gesetz über Allgemeine Geschäftsbedingungen von 1977) für vorformulierte Verträge und die HOAI (Honorarordnung für Architekten und Ingenieure), nach der jeweils gültigen Fassung. Insbesondere die HOAI stellt einen wichtigen Gesichtspunkt bei Planungsverträgen dar. Wichtige Merkmale der HOAI sind, dass die HOAI Preisrecht ist, die Grundleistungen für Planungen nach HOAI grundsätzlich nicht unterhalb der Mindesthonorare und oberhalb der Höchstsätze vergütet werden, die besonderen Leistungen für Planungen nach der HOAI nicht durch die Garantie des Mindesthonorars geschützt sind und die Honorarvereinbarung schriftlich geschlossen werden muss.

Im Weiteren sollten in einem Planungsvertrag die folgenden wesentlichen Punkte geregelt werden:

1.   Bezeichnung der Parteien

2.   Gegenstand des Planungsvertrages

3.   Grundlagen des Planungsvertrages

4.   Leistungen des Auftraggebers

5.   Leistungen des Auftragnehmers (ggf. Bauleitereinsatzplan als Anlage)

6.   Vergütung

7.   Zahlungsbedingungen (ggf. Zahlungsplan als Anlage)

8.   Stufenweise Beauftragung

9.   Termine (ggf. Terminplan als Anlage)

10.   Auftragsabwicklung, Subunternehmer

11.   Herausgabeanspruch des Auftraggebers

12.   Haftung und Gewährleistung

13.   Regelung für Aufenthalt auf dem Bauherrengelände

14.   Kündigung

15.   Verjährung

16.   Besondere Pflichten des Auftragnehmers

17.   Urheberrecht und Geheimhaltung

18.   Schlussbestimmungen

19.   Erfüllungsort und Gerichtsstand

Im Interesse einer starken Bauherrenposition in der Projektentwicklung sollten einige wichtige Empfehlungen unbedingt beachtet werden. Der Planungsvertrag als „Gesamtplanungsvertrag", d. h. die wesentlichen Planungsleistungen des Architekten, der Tragwerkplanung und der technischen Gebäudeausrüstung werden von einem Auftragnehmer erbracht. Die Vorteile für den Bauherren liegen hier einerseits beim geringeren Koordinationsaufwand und andererseits beim geringeren Aufwand bei „Planungsfehlern" und der Mängelbeseitigung. Weiterhin sollen die Leistungen des Auftragnehmers auf tatsächlich zu erbringende Planungsleistungen beschränkt werden. Dies bedeutet, dass nicht benötigte Planungsleistungen nicht vergütet werden. Die tatsächlich zu erbringenden Planungsleistungen sind beispielsweise von der Art der Bauabwicklung abhängig. Dies kann eine Einzelgewerkeausschreibung und Vergabe an Einzelunternehmer, eine Einzelgewerkeausschreibung und Vergabe an einen Generalunternehmer, aber auch eine funktionale Ausschreibung und Vergabe an einen Generalunternehmer sein. Die zu beauftragenden Planungsleistungen sollten stufenweise beauftragt werden (Staffelvertrag). Bei einem Vertragsbruch ist dann nur noch ein nicht komplett durchgeführter Leistungsakt zu kündigen. Eine Entschädigung für künftige – noch nicht beauftragte, aber vertraglich formulierte - Leistungsbereiche gibt es nicht. Weiterhin tragen Honorarpauschalierungen dazu bei, dass bei einem möglichen „Interessenskonflikt" des Planers vorgebeugt wird, dem sonst beispielsweise ein Mehrhonorar für teure Materialien (obwohl kein zusätzlicher Planungsaufwand entsteht) nach HOAI zusteht. Allerdings müssen auch hier die Mindest- und Maximalhonorare beachtet werden. Grundsätzlich sollte jedoch beachtet werden, dass der Bauherr auf den Planer angewiesen ist und der Planer das Vertrauen des Bauherren braucht.

6.3 Projektsteuerungsvertrag

Der Projektsteuerungsvertrag ist ein Geschäftsbesorgungsvertrag nach § 675 BGB. Die Art der durchzuführenden Leistungen entscheidet darüber, ob ein Projektsteuerungsvertrag eher dienst- oder werkvertraglichen Charakter hat. Die Aufgaben der Projektsteuerung lassen sich dahingehend zusammenfassen, dass der Projektsteuerer die Interessen des Auftraggebers zu wahren und ihn über etwaige Fehlentwicklungen, insbesondere im Bereich von Qualität, Kosten und Terminen unter Hinweis auf geeignete Gegenmaßnahmen zu unterrichten hat. Darüber hinaus hat er die vom Auftraggeber zu treffenden Entscheidungen so vorzubereiten, dass mit der Entscheidung das angestrebte Ziel am sichersten erreicht werden kann. In Ergänzung zu der Projektleiterfunktion des Auftraggebers beinhaltet die Projektsteuerung die Übernahme der delegierbaren Auftraggeberfunktionen in technischer, wirtschaftlicher und rechtlicher Hinsicht zwecks der Umsetzung des Projektzieles.

Der Formulierung der Leistungen der Projektsteuerung des Auftragnehmers kommt in Ergänzung zur bewusst beispielhaften und offenen Gestaltung der Leistungsbeschreibung des Verordnungsgebers – gemäß § 31 HOAI – besondere Bedeutung zu. Insbesondere ist zu regeln, welche Leistungen der Projektsteuerer in den einzelnen Planungsphasen der HOAI (Phase 1 bis 9) zu erbringen hat. Der Projektsteuerer schuldet dem Auftraggeber nicht die Planungs- und Bauüberwachungsleistung, sondern das Projektcontrolling. Er wirkt insofern in höchstem Maße als Integrations- und Koordinationsgremium für alle an der Projektrealisierung Beteiligten (z.B. Planer, Sonderexperten, Bauunternehmen etc.).

Die Beratungsverpflichtung des Projektsteuerers entspricht in technischer und wirtschaftlicher Qualität derjenigen der Planer (Architekten und Ingenieure). In rechtlicher Hinsicht wird die Beratungsverpflichtung durch das Rechtsberatungsgesetz limitiert. Er hat also grundsätzlich die Hinweispflichten bezogen auf die Grundzüge des Werkvertragsrechts in Verbindung mit den Bestimmungen der VOB und VOL sowie des Bauplanungs- und Bauordnungsrechts und den damit im Zusammenhang stehenden weiteren Bestimmungen. Die Vergütung (Honorare) erfolgt nach freier Vereinbarung. Es gibt kein Mindest- oder Maximalhonorar in der HOAI wie bei Planungsleistungen. Die im Projektsteuerungsvertrag zu regelnden Punkte entsprechen ansonsten in Analogie den Punkten des Planungsvertrages, der im vorherigen Abschnitt beschrieben worden ist.

6.4 Bauvertrag

Die wichtigen Gesichtspunkte, unter denen eine Projektentwicklung in der Immobilienwirtschaft die Bauabwicklung in der Projektrealisierungsphase sehen sollte, sind ein geringer Koordinationsaufwand auf der Auftraggeberseite, die Terminsicherheit, die Kostensicherheit und die angemessene Qualität. Diese Forderungen können vom Projektentwickler optimal in der Variante einer Bauabwicklung mit einem Generalübernehmer (GÜ) oder einem Generalunternehmer (GU) verwirklicht werden.

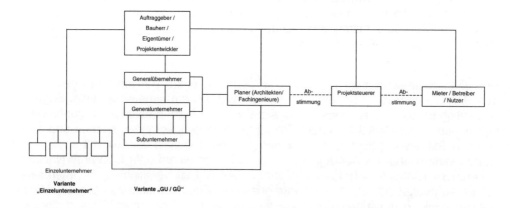

Abb. 6-1 Varianten Bauabwicklung (Projektrealisierungsphase)

Hierbei ist aus Gründen einer ausreichenden Qualitätssicherung die GU-Variante vorzuziehen, da in der Regel nur dann eine ausreichend präzise und die Interessen des Auftraggebers mehr berücksichtigende Leistungs- und Qualitätsbeschreibung des Projektes vorliegt, sofern diese nicht von den Planern eines GÜ, sondern von den Planern bzw. Projektsteuerern des Auftraggebers (Projektentwickler) erstellt bzw. begleitet wurde. Die Variante Einzelunternehmer-Bauabwicklung empfiehlt sich eigentlich nur dann, wenn der Auftraggeber ein höheres Vergabevolumen als potentielle Generalunternehmer hat oder keine Sondervorschläge zu erwarten sind. Aus den dargelegten Gründen wird im Folgenden stärker auf den Generalunternehmervertrag eingegangen.

Die Definition der Begriffe „schlüsselfertige Erstellung", „Generalübernehmer" und „Generalunternehmer" ist notwendig, um eine klare Abgrenzung gegenüber anderen Abwicklungsvarianten zu erhalten.

Von der „schlüsselfertigen Erstellung" eines Bauwerkes wird dann gesprochen, wenn die gesamte Bauleistung durch einen Unternehmer gebrauchsfertig erbracht werden und anschließend die uneingeschränkte Nutzung möglich ist. Schlüsselfertiges Bauen bezieht sich bei gewerblichen Bauten auf die Bauausführung einschließlich Planung und Projektvorbereitung. Vom Auftragnehmer wird die uneingeschränkte Bezugsfertigkeit im Hinblick auf die dauerhafte vorgesehene Benutzungsfähigkeit geschuldet.

Der „Generalübernehmer" (GÜ) erbringt selbst keine Bauleistungen. Er steht eher auf der Seite des Auftraggebers bzw. Bauherren. Er übernimmt im Verhältnis zum Generalunternehmer die Rolle des Auftraggebers, ohne dadurch selbst zum Bauherr zu werden. In rechtlicher Hinsicht ist der Generalübernehmervertrag im Wesentlichen ein Werkvertrag, der durch die Erbringung von Planungs- und Bauleistungen, durch die Erbringung von Koordinations-, Betreuungs- und Aufsichtsaufgaben, durch die Managementfunktionen für den Auftraggeber und durch die umfassende Verpflichtung gegenüber dem Auftraggeber charakterisiert ist sowie dadurch, dass der GÜ eher auf der Auftraggeberseite steht.

Der „Generalunternehmer" (GU) wird im Rahmen eines Bauvertrages gegenüber dem Auftraggeber (bzw. bei eingeschaltetem GÜ diesem gegenüber) tätig. Begriffswesentlich für den GU ist, dass an ihn sämtliche zu einem Bauvorhaben gehörenden Leistungen, unter Umständen auch Planungsleistungen, vergeben werden und dass er einen Teil davon selbst ausführt. Einen anderen Teil lässt der GU, mit ausdrücklicher Genehmigung des Auftraggebers bzw. GÜ, von einem oder mehreren Nachunternehmern (Subunternehmern) ausführen. Der GU ist verpflichtet, die Interessen seines Auftraggebers und seiner Auftragnehmer (Subunternehmer) nach objektiven Gesichtspunkten zu wahren. Die charakteristischen Elemente eines GU sind, dass er Auftragnehmer sämtlicher Bauleistungen, eventuell auch von (Teil-) Planungsleistungen ist. Weiterhin erfolgt die teilweise Ausführung der Leistungen durch den GU selbst, die restlichen Leistungen werden durch die Weitervergabe an Subunternehmer abgedeckt. Schlussendlich hat der GU auch die Obhuts- und Vermittleraufgabe in beide Richtungen (Drehscheibenfunktion). Die rechtlichen Rahmenbedingungen eines Bauvertrages werden durch das BGB und durch das AGB-Gesetz festgelegt. Die VOB muss bei öffentlichen Auftraggebern vereinbart werden. Für die Planungsleistungen kommt die HOAI für das Vertragsverhältnis von Auftraggeber zu Generalunternehmer/Generalübernehmer nicht zur Anwendung, jedoch findet die HOAI Anwendung für das Vertragsverhältnis zwischen GU/GÜ und dem Planer.

In einem GÜ/GU-Bauvertrag ist in aller Regel nicht nur der Preis, sondern auch der zu erbringende Leistungsumfang pauschaliert. Im Grundsatz ist daher davon auszugehen, dass der einmal vereinbarte Pauschalpreis nicht abgeändert werden kann. Beide Vertragsparteien nehmen beim Pauschalpreisvertrag bewusst Risiken hinsichtlich des Umfanges des Bauleistungen auf sich. Der Auftraggeber trägt hier das Risiko von Minderleistungen des Auftragnehmers, dieser wiederum trägt das Risiko von eventuellen Mehrleistungen. Für Generalunternehmerverträge existieren zahlreiche Mustervorlagen für die Vertragsgestaltung, einer davon ist beispielsweise das „Muster für Generalunternehmer- und Nachunternehmerverträge" der Bundesfachabteilung schlüsselfertiges Bauen im Hauptverband der deutschen Bauindustrie e. V. von 1988, Wiesbaden. Im Wesentlichen sollte der Generalunternehmervertrag mindestens die folgenden Punkte regeln (Checkliste):

1. Vertragspartner

2. Vertragsgegenstand

3. Vertragsbestandteile (insbesondere inkl. eventueller allgemeiner Vertragsbedingungen – AGB)

4. Leistungen des Auftragnehmers, definiert z. B. durch
   - Pläne
   - Leistungsbeschreibungen
   - Anlagebeschreibungen
   - Raumbuch, inkl. zusätzlich vereinbarter Leistungen

5. Leistungen des Auftraggebers, Mitwirkung des Auftraggebers

6. Leistungsänderungen (Recht, Umfang, Folgen)

7. Vergütung:
   - Einheitspreisvertrag
   - Einheitsfestpreisvertrag
   - Pauschal(fest-)preisvertrag

8. Ausführung – Koordination – Vertretung

9. Terminpläne

10. Ecktermine – Abnahme – Vertragsstrafen

11. Gewährleistung

12. Subunternehmer

13. Gefahrtragung – Haftung – Versicherungen

14. Sicherheitsleistungen

15. Zahlung bzw. Zahlungspläne

16. Kündigung – Leistungsverweigerung

17. Streitigkeiten – Gerichtsbarkeit

18. Erfüllungsort – Gerichtsstand

19. Allgemeine sonstige Regelungen

Aus den Vereinigten Staaten kommt in letzter Zeit immer mehr eine Variante des Pauschalpreis-GU-Vertrages, der GMP-Vertrag (Guaranteed Maximum Price). Hierbei trägt der GU das Kostenrisiko, während die eventuellen Einsparungen zwischen Auftraggeber und Auftragnehmer aufgeteilt werden. Der GU erhält zum Pauschalpreis ein vorher vertraglich vereinbartes Zusatzhonorar. Der GU rückt damit im klassischen Dreiecksverhältnis Eigentümer – Planer – Ausführender (GU) näher an den Eigentümer heran. Der GMP-Vertrag fördert das „Allianzdenken" der am Projekt Beteiligten.

6.5 Projektentwicklungsvertrag

Gegenüber den eingegrenzten Aufgabenstellungen von Planer, Projektsteuerer und Generalunternehmer ist das Tätigkeitsfeld des Projektentwicklers am weitesten gespannt. Der Projektentwickler (Developer) entwickelt in Eigenregie oder für einen Auftraggeber ein Immobilienprojekt, das in absehbarer Zeit als Kapitalanlage dienen soll. Er entwickelt und realisiert das Immobilienprojekt eigenständig, eingegrenzt durch die wirtschaftlichen Vorgaben einer Immobilienkapitalanlage wie Rendite, Verkehrswert, Wertsteigerungschancen und Verkäuflichkeit. Er ist über alle Phasen des Projektierungsprozesses hinweg tätig. In der Literatur wird häufig unterschieden zwischen dem Begriff der „Projektentwicklung", der die Phasen 1 bis 4 – Strategie, Projektinitiierung, Projektkonzept und Projektkonkretisierung – beinhaltet und dem Begriff des „Immobiliendevelopment", der die weiteren Phasen – Projektrealisierung, Projektverwertung und Betrieb des fertigen Projektes (Objektes) umfasst. Hier soll jedoch von der Projektentwicklung als ganzheitlichem Begriff gesprochen werden.

Normalerweise enthalten Projektentwicklungsverträge Bestandteile des Dienstvertragsrechts, des Werkvertragsrechts und des Kaufvertragsrechts. Daher ist ein Projektentwicklungsvertrag immer nach der Schwerpunkttheorie einzustufen, d. h. nach einer der drei Vertragsarten, die überwiegend ist. Wichtig und relevant für die rechtliche Behandlung eines Projektentwicklungsvertrages ist die präzise Beschreibung der vom Auftragnehmer geschuldeten Leistung. Hierbei steht nicht das fertig gestellte Projekt im Vordergrund, sondern vielmehr die zu konzipierende Kapitalanlage. Das Projekt wird vom Auftragnehmer eigenständig realisiert, wobei die zu erzielende Rendite, der Verkehrswert, die Wertsteigerung und die Verkäuflichkeit (Fungibilität) im

Vordergrund stehen. Im Rahmen des Projektentwicklungsvertrages sind im Wesentlichen die Fallkonstellationen der Projektentwicklung für einen Auftraggeber (Kapitalanleger) und der Projektentwicklung für den eigenen Bestand (Eigenregie) voneinander zu trennen.

Im Rahmen des mit dem Auftraggeber abzuschließenden Projektentwicklungsvertrages werden die wirtschaftlichen Vorgaben für die der Entwicklung zugrunde liegenden Eckdaten festgelegt. Der Auftraggeber (institutioneller Investor oder der individuelle Kapitalanleger) definiert das gesamte Investitionsvolumen, die zu erzielende Rendite, den Standort und die weiteren Rahmenbedingungen. Die Entscheidung, ob dann die zu realisierende Kapitalanlage (Projekt) auf der Basis der Vorgaben des Auftraggebers realisiert wird, obliegt dem Auftraggeber. Dieser übernimmt die weitere Verwertung des realisierten Projektes, das der Auftragnehmer „maßgeschneidert" geliefert hat (z. B. den Vertrieb im Rahmen eines geschlossenen oder offenen Immobilienfonds). In einem solchen Fall liegen dem Projektentwicklungsvertrag in der Regel die Komponenten des Werkvertragsrechts zugrunde, da der Auftragnehmer dem Auftraggeber das fertige Immobilienprojekt als Kapitalanlage und damit einen werkvertraglich einzustufenden Erfolg nach § 631 BGB schuldet. Hinsichtlich Gewährleistung hat etwa der Auftraggeber Schadenersatzanspruch nach § 635 BGB. Die Höhe dieses Anspruches kann beispielsweise der Differenzmietertrag zwischen tatsächlich erreichter Miete und entsprechend Projektentwicklungsvertrag zu erzielender Miete sein, dies ist besonders im Hinblick der Umsetzung der zu erzielenden Rendite bedeutsam. Da der Auftragnehmer vertraglich ein hohes Risiko eingeht, sollte und wird der Auftraggeber die Bonität des Auftragnehmers prüfen.

Bei der Projektentwicklung für den eigenen Bestand gilt grundsätzlich das Gleiche. Der Auftraggeber ist in der Regel eine Projektgesellschaft (z. B. mit Finanzierungsgeber und einem Tochterunternehmen des Auftragnehmers als Gesellschafter). Auf die mögliche Fülle von Jointventure-Konstellationen soll hier jedoch nicht näher eingegangen werden. Sofern das fertige Immobilienprojekt als Kapitalanlage an einen Investor verkauft wird, ist zu beachten, dass die Komponenten (Vorgaben) der Immobilienanlage als zuzusichernde Eigenschaften im Rahmen des Kaufvertrages (§ 449, Abs. 2 BGB) zu betrachten sind. Sämtliche Gewährleistungsfragen regeln sich nach dem Kaufvertragsrecht.

Bei der Gestaltung von Projektentwicklungsverträgen sind je nach Konzeption (Entwicklung in Eigenregie oder für Kapitalanleger) Haftungsrisiken zu beachten, die sich aus dem Kauf- bzw. Werkvertragsrecht ergeben. Alle nicht die Leistungen des Auftraggebers bzw. Auftragnehmers betreffenden Elemente eines Projektentwicklungsvertrages sind in Analogie zu den vorbeschriebenen Vertragsarten zu sehen. Dem Vergütungselement kommt in einem Projektentwicklungsvertrag jedoch erheblich mehr Bedeutung zu, denn normalerweise wird hier nicht nur eine Honorarvereinbarung geregelt. Der Auftragnehmer ist vielmehr üblicherweise am „wirtschaftlichen Erfolg" zu beteiligen (Erfolgsanteil am Projektrealisierungsgewinn).

6.6 Mietvertrag

Der Mietvertrag ist einer der langfristigsten Verträge überhaupt, mit Ausnahme etwa des Ehevertrages. Die Höchstfrist von 30 Jahren (§ 567 BGB) wird häufig ausgeschöpft. Insofern kommt dem Wort Vertrag, im Sinne von „sich vertragen" eine sehr hohe Bedeutung zu. Nachfolgend soll nur auf den gewerblichen Mietvertrag in Deutschland eingegangen werden, der für die Immobilienwirtschaft von größerem Belang ist als der Wohnungsmietvertrag, für den der Gesetzgeber in hohem Maße seiner Sozialverpflichtung in der Form des Mieterschutzes nachgekommen ist. Durch den Langzeitcharakter des Mietvertrages kommt der Vertragssicherheit für beide Vertragspartner eine sehr hohe Bedeutung zu. Auf der einen Seite richtet sich der Mieter auf Jahrzehnte ein, denn die Bestandskraft und Entwickelbarkeit des Mietvertrages ist oft die betriebliche Existenzbasis, was besonders plakativ am Einzelhandel deutlich wird. Andererseits kann der Vermieter das Investitionswagnis nur über einen langfristig stabilen Mietvertrag übernehmen.

Bei der Projektentwicklung müssen beim Mietvertrag zwei Phasen, die Bauphase und die Nutzungsphase unterschieden werden. In der Bauphase nimmt der Mieter - sofern eine Vorvermietung vorliegt - häufig Einfluss auf die Projektrealisierung. Während der Nutzungsphase ist es erforderlich, dass Immobilien verändert werden können, denn sowohl Mieter als auch Vermieter haben Modernisierungs- und Änderungsbedarf.

Die folgenden Punkte sollten grundsätzlich in einem Mietvertrag geregelt werden:

1.   Vertragspartner

2.   Miet- und Vertragsgegenstand

3.   Mietzweck (ggf. Betreiberpflicht)

4.   Mietzeit (ggf. Optionen)

5.   Außerordentliches Kündigungsrecht

6.   Mietzins – Nebenkosten – Mietsicherheit

7.   Änderung des Mietzinses

 -    Indexierte Miete

 -    Stufenmiete

 -    Revisionsklauseln

8.   Zahlungsmodalitäten

9.   Aufrechnung – Zurückbehaltung – Schadenersatz

10.   Besondere Ausstattungen

11.   Nutzung des Mietgegenstandes – Untervermietung

12.   Konkurrenzschutz

13.   Zustand Mietgegenstand – Schlüsselübergabe

14.   Instandhaltung des Mietgegenstandes

15.   Verkehrssicherungspflicht

16.   Anbringen von Schildern – Reklameanlagen – Gestaltung der Außenfront

17.   Rückgabe des Mietgegenstandes

18.   Bauliche Veränderungen und Verbesserungen

19.   Besichtigung der Mieträume

20.   Personenmehrheit – Willenserklärungen

21.   Kosten – Änderungen des Vertrages

22.   Hausordnung

23.   Erfüllungsort und Gerichtsstand

24.   Sonstige Vereinbarungen

25.   Wirksamkeit der Vertragsbestimmungen

Nachfolgend soll auf die wesentlichen Problemfelder des Mietvertrages eingegangen werden, diese bilden den Schlüssel für den wirtschaftlichen Erfolg einer Projektentwicklung.

6.6.1 Mietgegenstand

Im Gegensatz zu einer Anschlussvermietung handelt es sich bei einer Projektentwicklung normalerweise um eine Erstvermietung. Der Mietgegenstand wird durch Grundstücksangaben, Baupläne und Ausstattungsbeschreibung als Anlagen zum Mietvertrag beschrieben. Bei der Einflussnahme des Mieters auf die Bauplanung (Mietgegenstand) sind aus der Sicht des Projektentwicklers (Vermieters) verschiedene Randbedingungen einzuhalten. Der Wert und die Tauglichkeit des Mietgegenstandes dürfen nicht geschmälert werden. Jegliche Verzögerungen der Projektrealisierung müssen vermieden werden, da sonst ein höherer Kostenaufwand verursacht wird, die baurechtliche Genehmigungsfähigkeit und die Kompatibilität mit anderen Nutzungsinteressen muss gewährleistet sein. Weiterhin ist ein möglicher erforderlicher finanzieller Mehraufwand durch den Mieter zu tragen (Investitionsmiete).

6.6.2 Mietzeit

Die maximal mögliche gesetzlich zulässige Bindungsfrist inklusive Optionen beträgt 30 Jahre. Hierbei ist zu unterscheiden, wann die Mietzeit beginnt (Übergabe), wann die erste Benutzung (Einrichtung, mietereigene Arbeiten), der Beginn der Mietzahlung (z. B. Monatserster nach Übergabe) und der Vertragsbeginn (Vertragsunterschrift) stattfinden. Für den Mieter sind Optionen für eine Verlängerung der Mietzeit üblich. Normalerweise sind dies zwei mal 3 Jahre oder auch zwei mal 5 Jahre. Auch unabhängig von einer Optionsregelung sollte eine Vertragsverlängerung geregelt sein.

Weiterhin kann eine Kündigung aus wichtigem Grund nicht verboten werden. Die dann vorzulegenden wichtigen Gründe sollten jedoch spezifiziert werden.

6.6.3 Mietzins - Änderung des Mietzinses - Nebenkosten

Mit den Formulierungen des Mietvertrages hinsichtlich Mietzins, Änderung des Mietzinses und der Nebenkosten werden praktisch die Weichen für den Erfolg der Projektentwicklung gestellt. Die Anfangshöhe und die Entwicklung des Immobilienertrages (Miete) als wesentliche Komponenten der Rendite und des Wertzuwachses und damit der Wirtschaftlichkeit der Projektentwicklung liegen damit fest oder zumindest weitgehend fest.

Der Mietzins kann durch die Miete pro Quadratmeter Mietfläche definiert werden. Ein Bezug der Mietfläche auf die DIN-Normen bringt hier üblicherweise Nachteile mit sich. Beispielsweise kosten Trennwände Geld und verringern gegebenenfalls die vermietbaren Flächen. Eine Pauschalmiete pro Objekt ist meistens nur dann sinnvoll, wenn das Objekt bzw. Projekt bei Vertragsabschluss präzise umschrieben ist. Bei einer Investitionsmiete wird der Investitionsaufwand über die Renditevorgaben in Miete umgerechnet. Bei der Umsatzmiete selbst versteht sich die Miete als Prozentsatz des Umsatzes, mit oder ohne einer Mindest- oder Höchstmiete. Je nach Gegebenheiten kommt bei den Mieten die Umsatzsteuer (MwSt.) zur Miete hinzu. Hierbei sind die steuerlichen Nutzungsregelungen zu beachten, beispielsweise zahlen Banken oder Versicherungen keine Umsatzsteuer auf die Miete.

Bei der Änderung des Mietzinses gilt als oberstes Prinzip, dass die Mietvertragsregelungen hinsichtlich Mietzinsänderungen auf die Wertsicherung des Ertrages abzielen müssen. Weiterhin sollte hier versucht werden, dass die Istmiete entweder über oder möglichst nahe unter der Marktmiete liegt. Die wichtigsten Arten hinsichtlich Änderung des Mietzinses sind die indexierte Miete (Wertsicherungsklausel), die Staffelmiete und die periodische Revisionsklausel. Bei der indexierten Miete wird eine Anpassung der Miete vorgenommen, wenn sich ein Index (z. B. Lebenshaltungskostenindex) ändert. Die Wertsicherungsklausel muss nach § 3 des Währungsgesetzes bei einer Mietzeit von mehr als 10 Jahren durch die Landeszentralbank genehmigt werden. Bei der Staffelmiete wird im Vorfeld vereinbart, wann und um welche Beträge sich die Miete erhöhen wird, und bei der periodischen Revisionsklausel wird der Mietzins jeweils an die höhere oder niedrigere Marktmiete angepasst.

Die Nebenkosten werden am einfachsten durch den Verweis auf die Anlage 3 zu § 27, Abs. 1 der Verordnung über wohnungswirtschaftliche Berechnungen (Zweite Berechnungsverordnung (II. BV) abgehandelt. Allerdings sollte berücksichtigt werden, dass sich die Verordnung ändern kann, in der Verordnung nicht alle Nebenkostenarten enthalten sind (beispielsweise fehlt die Fassadenreinigung) und dass einige Positionen der Verordnung zusätzlicher Erläuterungen bedürfen. Die Minimierung von Nebenkosten, die Mieter und Vermieter zahlen, gehört zu einem aktiven Immobilienmanagement, dem Facility Management. Dadurch werden Vermietungsaktivitäten erleichtert und Freiräume für die, oftmals auch teilweise, Umwandlung von ersparten

Nebenkosten in zusätzliche Miete geschaffen. Eine gute Projektentwicklung muss bereits in den frühen Phasen der Projektentwicklung dafür Sorge tragen, dass die notwendigen Investitionen erfolgen, um später eine konsequente Nebenkostenbewirtschaftung zu ermöglichen.

6.6.4 Instandhaltung – Bauliche Veränderungen

Die Instandhaltung ist als die Summe von Inspektion, Wartung und Instandsetzung zu sehen (Definition aus dem Maschinenbau). Die Instandhaltung wird durch die Zweite Berechnungsverordnung (II. BV) geregelt. Im Gegensatz zum Wohnraum ist bei gewerblichen Mieträumen auch eine Kostenübernahme der Instandhaltungskosten an „Dach und Fach" durch den Mieter möglich.

Bauliche Veränderungen (Umbauten) durch den Vermieter sind ebenso zu regeln. Dem Mieter sollte eine Fortentwicklungsmöglichkeit für den Mietgegenstand gewährt werden, allerdings mit einer „Rückbauverpflichtung" bei Mietvertragsende. Hierfür ist eine ausführliche Dokumentation der Situation beim Einzug wichtig.

6.6.5 Wirksamkeit der Vertragsbedingungen (Formvorschriften)

Generell müssen Mietverträge von mehr als einem Jahr Dauer schriftlich geschlossen werden (§ 566 BGB). Bei Streitfällen erfolgt diesbezüglich auch eine strenge Rechtssprechung. Der gesamte Mietvertrag mit sämtlichen Anlagen muss eine einheitliche Urkunde bilden, die nur mittels Substanzverletzung getrennt werden kann, da sonst ein Kündigungsrecht mit gesetzlicher Frist bestehen kann. Sofern der Mieter ein Vorkaufsrecht haben möchte, muss der Mietvertrag notariell protokolliert werden (§ 313 BGB).

6.7 Sonstige Vertragsarten

In der Projektentwicklung gibt es noch eine Fülle weiterer Vertragsarten, die fallweise Anwendung finden und/oder eine wachsende Bedeutung in der Immobilienwirtschaft haben bzw. erhalten werden.

Der Baubetreuungsvertrag ist meist als Geschäftsbesorgungsvertrag über technische und wirtschaftliche Baubetreuung (Vollbetreuung) und somit rechtlich normalerweise als Werkvertrag einzustufen. Der Baubetreuer übernimmt eine Vielzahl von Leistungen und Funktionen, die weit über eine baubezogene Betreuung hinausgehen (z. B. Finanzmittelbeschaffung).

Wenn ein Projekt nach der Fertigstellung im Bestand des Developers verbleibt, beginnt die Phase des Facility Managements, welche sich bis zu einer erneuten Projektentwicklung bzw. einem möglichen Redevelopment erstrecken kann. Die wesentlichen Vertragsbestandteile des Auftragnehmers in einem Facility Management Vertrag sind die Flächenbewirtschaftung mit der Flächen- und Raumplanung, der Bestandserfassung und –pflege und der Ablauforganisation der zentralen Dienste (z. B. Empfang, Catering etc.). Weiterhin gehören die kaufmännische Bewirtschaftung mit dem Vertragsmanagement, der Objektbuchhaltung sowie der Kostenerfassung und Kostenabrechnung und schließlich noch die technische Bewirtschaftung mit Wartung, Inspektion, Instandsetzung und der technischen Betriebsführung (Bedienung) zum Facility Management.

In der Abwicklung sollte der Facility-Management-Vertrag mit einem leistungsfähigen Unternehmer, möglicherweise auch einem Generalunternehmer, abgeschlossen werden. Der Abschluss sollte auf der Basis einer Leistungsbeschreibung erfolgen, die entweder offen oder beschränkt ausgeschrieben wird und die von einem unabhängigen, spezialisierten Planungs- bzw. Beratungsunternehmen erstellt worden ist. Wichtig ist dabei, dass das Facility Management aktiv und nicht passiv, d. h. als bloßes Verwalten, begriffen wird. In einer extremen Form führt das Facility Management im Einzelhandelsbereich zum „Center Management"-Vertrag. Bei dieser Management-form kommt insbesondere ein erhöhter Dienstleistungsumfang im Bereich der kaufmännischen Bewirtschaftung hinzu. Dies kann sich widerspiegeln in einer ständigen Projektentwicklung im Sinne von Modernisieren bzw. „upgraden" der Immobilie, in einem umfangreichen Vermietungsmanagement oder auch im Vertreten der Belange der Mieter-Interessensgemeinschaft des Einkaufszentrums bzw. des „Shop-in-Shop-Kaufhauses". In der aktivsten Form führt das Facility Management zum Asset Management, bei dem die allumfassende Betreuung der Immobilie (des Projektes) als Vermögenswert im Vordergrund steht.

6.8 Machbarkeitsstudie (Feasibility Study)

Die Feasibility Study ist ein Instrument, das eigentlich in unterschiedlichem Detaillierungsgrad alle Phasen der Projektentwicklung begleitet und welchem in der Phase der Projektinitiierung bzw. Projektkonzeption höchste Bedeutung zukommt.

Die geeignetste Kurzdefinition für eine Feasibility Study scheint aus Sicht der Autoren die Definition nach Graaskamp[1] zu sein:

„A real estate project is feasible when the real estate analyst determines that there is a reasonable likelihood of satisfying explicit objectives when a selected course of action is tested for fit to a context of specific constraints and limited resources."

Der Begriff „reasonable likelihood" verdeutlicht hier die Bedeutung des Entwicklungsrisikos, dem alle drei beteiligten Gruppen (Entwickler, Öffentlichkeit und Nutzer) gegenüberstehen. Die Feasibility Study muss die Projektrisiken eindeutig identifizieren.

---

[1] Graaskamp, J. A. (1991)

Mit dem Ausdruck „satisfaction" werden die finanzielle Seite und die damit im Zusammenhang stehenden ethischen Aufgabenstellungen eingeschlossen. Das Ziel ist, dass alle drei Gruppen befriedigt werden können.

Mit der Aussage „test for fit between a course of action and explicit objectives" soll ausgedrückt werden, dass die Ziele der drei am Projekt beteiligten Gruppen aufgeführt werden müssen. Weiterhin müssen die finanziellen, rechtlichen, technischen, wirtschaftlichen und sozialen Probleme identifiziert werden („context of specific constraints and limited resources"). Abschließend werden mit „limited resources" die finanziellen Aufwendungen, persönliche Energie und Motivation seitens der drei Gruppen angesprochen.

Die Feasibility Study enthält viele Elemente, die bereits in den vorherigen Abschnitten erwähnt wurden, und geht in der kompletten Form auf die folgenden Punkte ein:

1.   Projektbeschreibung

2.   Projektgrundlagen (Angaben, Grundlagendokumente etc.)

3.   Projektidee – Projektorganisation
   - Projektidee und Nutzungskonzept
   - Vermarktungskonzept
   - Projektbeteiligte

4.   Projekttermine (Abweichung und Risiken)

5.   Standort- und Marktanalyse
   - Standortbeschreibung (Ist-Situation)
   - Makrostandort (Ist-Zustand und Prognose)
   - Mikrostandort (Ist-Zustand und Prognose)
   - Besondere Risiken

6.   Grundstück – Erschließung – Baurecht
   - Beschreibung Baugrundstück
   - Eigentumsverhältnisse – Grundbuch
   - Erschließung
   - Bauleitplanung – verbindliches Baurecht
   - Stellplatznachweis
   - Angemessenheit Kaufpreis – Erwerbsnebenkosten
   - Besondere Risiken

7.   Flächen-Bezuggrößen – Ausführungsstandards
   - Vorgaben (Lasten- und Pflichtenheft)
   - Besondere Risiken bei Abweichungen

- Flächen-Bezugsmengen-Tabelle
- Risiken

8. Gesamtaufwandsschätzung inklusive Angaben über Einsparungsmöglichkeiten, Risiken und Kostensicherheit

9. Ertrags- und Wertbetrachtung nach Marktlage

- Mieten
- Renditen
- Projektgewinn
- Wertzuwachs
- Möglicher Spekulationsgewinn
- Cash Flow und Wertentwicklung
- Risiken
- Verbesserungsvorschläge

10. Finanzierungskonzept (unter Berücksichtigung steuerlicher Aspekte)

11. Sonstiges

Damit ist die Machbarkeitsstudie (Feasibility Study) der begleitende Bericht, der die Developmentrechnung ergänzt. Beide gemeinsam sind praktisch das Controlling-Instrument in jeder Phase einer hoffentlich erfolgreichen Projektentwicklung.

7 Anhang

Tabellenwerk Vervielfältiger, Tabelle A I

Barwert bei einem Jahresbetrag von 1,00 Euro bei folgenden Laufzeiten (Jahre) und Zinssätzen (%)

Jahre	2,00%	2,50%	3,00%	3,50%	4,00%	4,50%	5,00%
1	0,980392	0,975610	0,970874	0,966184	0,961538	0,956938	0,952381
2	1,941561	1,927424	1,913470	1,899694	1,886095	1,872668	1,859410
3	2,883883	2,856024	2,828611	2,801637	2,775091	2,748964	2,723248
4	3,807729	3,761974	3,717098	3,673079	3,629895	3,587526	3,545951
5	4,713460	4,645828	4,579707	4,515052	4,451822	4,389977	4,329477
6	5,601431	5,508125	5,417191	5,328553	5,242137	5,157872	5,075692
7	6,471991	6,349391	6,230283	6,114544	6,002055	5,892701	5,786373
8	7,325481	7,170137	7,019692	6,873956	6,732745	6,595886	6,463213
9	8,162237	7,970866	7,786109	7,607687	7,435332	7,268790	7,107822
10	8,982585	8,752064	8,530203	8,316605	8,110896	7,912718	7,721735
11	9,786848	9,514209	9,252624	9,001551	8,760477	8,528917	8,306414
12	10,575341	10,257765	9,954004	9,663334	9,385074	9,118581	8,863252
13	11,348374	10,983185	10,634955	10,302738	9,985648	9,682852	9,393573
14	12,106249	11,690912	11,296073	10,920520	10,563123	10,222825	9,898641
15	12,849264	12,381378	11,937935	11,517411	11,118387	10,739546	10,379658
16	13,577709	13,055003	12,561102	12,094117	11,652296	11,234015	10,837770
17	14,291872	13,712198	13,166118	12,651321	12,165669	11,707191	11,274066
18	14,992031	14,353364	13,753513	13,189682	12,659297	12,159992	11,689587
19	15,678462	14,978891	14,323799	13,709837	13,133939	12,593294	12,085321
20	16,351433	15,589162	14,877475	14,212403	13,590326	13,007936	12,462210
21	17,011209	16,184549	15,415024	14,697974	14,029160	13,404724	12,821153
22	17,658048	16,765413	15,936917	15,167125	14,451115	13,784425	13,163003
23	18,292204	17,332110	16,443608	15,620410	14,856842	14,147775	13,488574
24	18,913926	17,884986	16,935542	16,058368	15,246963	14,495478	13,798642
25	19,523456	18,424376	17,413148	16,481515	15,622080	14,828209	14,093945
26	20,121036	18,950611	17,876842	16,890352	15,982769	15,146611	14,375185
27	20,706898	19,464011	18,327031	17,285365	16,329586	15,451303	14,643034
28	21,281272	19,964889	18,764108	17,667019	16,663063	15,742874	14,898127
29	21,844385	20,453550	19,188455	18,035767	16,983715	16,021889	15,141074
30	22,396456	20,930293	19,600441	18,392045	17,292033	16,288889	15,372451
31	22,937702	21,395407	20,000428	18,736276	17,588494	16,544391	15,592811
32	23,468335	21,849178	20,388766	19,068865	17,873551	16,788891	15,802677
33	23,988564	22,291881	20,765792	19,390208	18,147646	17,022862	16,002549
34	24,498592	22,723786	21,131837	19,700684	18,411198	17,246758	16,192904
35	24,998619	23,145157	21,487220	20,000661	18,664613	17,461012	16,374194
36	25,488842	23,556251	21,832252	20,290494	18,908282	17,666041	16,546852
37	25,969453	23,957318	22,167235	20,570525	19,142579	17,862240	16,711287
38	26,440641	24,348603	22,492462	20,841087	19,367864	18,049990	16,867893
39	26,902589	24,730344	22,808215	21,102500	19,584485	18,229656	17,017041
40	27,355479	25,102775	23,114772	21,355072	19,792774	18,401584	17,159086
41	27,799489	25,466122	23,412400	21,599104	19,993052	18,566109	17,294368
42	28,234794	25,820607	23,701359	21,834883	20,185627	18,723550	17,423208
43	28,661562	26,166446	23,981902	22,062689	20,370795	18,874210	17,545912
44	29,079963	26,503849	24,254274	22,282791	20,548841	19,018383	17,662773
45	29,490160	26,833024	24,518713	22,495450	20,720040	19,156347	17,774070
46	29,892314	27,154170	24,775449	22,700918	20,884654	19,288371	17,880066
47	30,286582	27,467483	25,024708	22,899438	21,042936	19,414709	17,981016
48	30,673120	27,773154	25,266707	23,091244	21,195131	19,535607	18,077158
49	31,052078	28,071369	25,501657	23,276564	21,341472	19,651298	18,168722
50	31,423606	28,362312	25,729764	23,455618	21,482185	19,762008	18,255925

Tabellenwerk Vervielfältiger, Tabelle A II

Barwert bei einem Jahresbetrag von 1,00 Euro bei folgenden Laufzeiten (Jahre) und Zinssätzen (%)

Jahre	2,00%	2,50%	3,00%	3,50%	4,00%	4,50%	5,00%
51	31,787849	28,646158	25,951227	23,628616	21,617485	19,867950	18,338977
52	32,144950	28,923081	26,166240	23,795765	21,747582	19,969330	18,418073
53	32,495049	29,193249	26,374990	23,957260	21,872675	20,066345	18,493403
54	32,838283	29,456829	26,577660	24,113295	21,992957	20,159181	18,565146
55	33,174788	29,713979	26,774428	24,264053	22,108612	20,248021	18,633472
56	33,504694	29,964858	26,965464	24,409713	22,219819	20,333034	18,698545
57	33,828131	30,209617	27,150936	24,550448	22,326749	20,414387	18,760519
58	34,145226	30,448407	27,331005	24,686423	22,429567	20,492236	18,819542
59	34,456104	30,681373	27,505831	24,817800	22,528430	20,566733	18,875754
60	34,760887	30,908656	27,675564	24,944734	22,623490	20,638022	18,929290
61	35,059693	31,130397	27,840353	25,067376	22,714894	20,706241	18,980276
62	35,352640	31,346728	28,000343	25,185870	22,802783	20,771523	19,028834
63	35,639843	31,557784	28,155673	25,300358	22,887291	20,833993	19,075080
64	35,921415	31,763691	28,306478	25,410974	22,968549	20,893773	19,119124
65	36,197466	31,964577	28,452892	25,517849	23,046682	20,950979	19,161070
66	36,468103	32,160563	28,595040	25,621110	23,121810	21,005722	19,201019
67	36,733435	32,351769	28,733049	25,720880	23,194048	21,058107	19,239066
68	36,993564	32,538311	28,867038	25,817275	23,263507	21,108236	19,275301
69	37,248592	32,720303	28,997124	25,910411	23,330296	21,156207	19,309810
70	37,498619	32,897857	29,123421	26,000397	23,394515	21,202112	19,342677
71	37,743744	33,071080	29,246040	26,087340	23,456264	21,246040	19,373978
72	37,984063	33,240078	29,365088	26,171343	23,515639	21,288077	19,403788
73	38,219670	33,404954	29,480667	26,252505	23,572730	21,328303	19,432179
74	38,450657	33,565809	29,592881	26,330923	23,627625	21,366797	19,459218
75	38,677114	33,722740	29,701826	26,406689	23,680408	21,403634	19,484970
76	38,899132	33,875844	29,807598	26,479892	23,731162	21,438884	19,509495
77	39,116796	34,025214	29,910290	26,550621	23,779963	21,472616	19,532853
78	39,330192	34,170940	30,009990	26,618957	23,826888	21,504896	19,555098
79	39,539404	34,313113	30,106786	26,684983	23,872008	21,535785	19,576284
80	39,744514	34,451817	30,200763	26,748776	23,915392	21,565345	19,596460
81	39,945602	34,587139	30,292003	26,810411	23,957108	21,593632	19,615677
82	40,142747	34,719160	30,380586	26,869963	23,997219	21,620700	19,633978
83	40,336026	34,847961	30,466588	26,927500	24,035787	21,646603	19,651407
84	40,525516	34,973620	30,550086	26,983092	24,072872	21,671390	19,668007
85	40,711290	35,096215	30,631151	27,036804	24,108531	21,695110	19,683816
86	40,893422	35,215819	30,709855	27,088699	24,142818	21,717809	19,698873
87	41,071982	35,332507	30,786267	27,138840	24,175787	21,739530	19,713212
88	41,247041	35,446348	30,860454	27,187285	24,207487	21,760316	19,726869
89	41,418668	35,557413	30,932479	27,234092	24,237969	21,780207	19,739875
90	41,586929	35,665768	31,002407	27,279316	24,267278	21,799241	19,752262
91	41,751891	35,771481	31,070298	27,323010	24,295459	21,817455	19,764059
92	41,913619	35,874616	31,136212	27,365227	24,322557	21,834885	19,775294
93	42,072175	35,975235	31,200206	27,406017	24,348612	21,851565	19,785994
94	42,227623	36,073400	31,262336	27,445427	24,373666	21,867526	19,796185
95	42,380023	36,169171	31,322656	27,483504	24,397756	21,882800	19,805891
96	42,529434	36,262606	31,381219	27,520294	24,420919	21,897417	19,815134
97	42,675916	36,353762	31,438077	27,555839	24,443191	21,911403	19,823937
98	42,819525	36,442694	31,493279	27,590183	24,464607	21,924788	19,832321
99	42,960319	36,529458	31,546872	27,623365	24,485199	21,937596	19,840306
100	43,098352	36,614105	31,598905	27,655425	24,504999	21,949853	19,847910

Tabellenwerk Vervielfältiger, Tabelle B I

Barwert bei einem Jahresbetrag von 1,00 Euro bei folgenden Laufzeiten (Jahre) und Zinssätzen (%)

Jahre	5,50%	6,00%	6,50%	7,00%	7,50%	8,00%	8,50%
1	0,947867	0,943396	0,938967	0,934579	0,930233	0,925926	0,921659
2	1,846320	1,833393	1,820626	1,808018	1,795565	1,783265	1,771114
3	2,697933	2,673012	2,648476	2,624316	2,600526	2,577097	2,554022
4	3,505150	3,465106	3,425799	3,387211	3,349326	3,312127	3,275597
5	4,270284	4,212364	4,155679	4,100197	4,045885	3,992710	3,940642
6	4,995530	4,917324	4,841014	4,766540	4,693846	4,622880	4,553587
7	5,682967	5,582381	5,484520	5,389289	5,296601	5,206370	5,118514
8	6,334566	6,209794	6,088751	5,971299	5,857304	5,746639	5,639183
9	6,952195	6,801692	6,656104	6,515232	6,378887	6,246888	6,119063
10	7,537626	7,360087	7,188830	7,023582	6,864081	6,710081	6,561348
11	8,092536	7,886875	7,689042	7,498674	7,315424	7,138964	6,968984
12	8,618518	8,383844	8,158725	7,942686	7,735278	7,536078	7,344686
13	9,117079	8,852683	8,599742	8,357651	8,125840	7,903776	7,690955
14	9,589648	9,294984	9,013842	8,745468	8,489154	8,244237	8,010097
15	10,037581	9,712249	9,402669	9,107914	8,827120	8,559479	8,304237
16	10,462162	10,105895	9,767764	9,446649	9,141507	8,851369	8,575333
17	10,864609	10,477260	10,110577	9,763223	9,433960	9,121638	8,825192
18	11,246074	10,827603	10,432466	10,059087	9,706009	9,371887	9,055476
19	11,607654	11,158116	10,734710	10,335595	9,959078	9,603599	9,267720
20	11,950382	11,469921	11,018507	10,594014	10,194491	9,818147	9,463337
21	12,275244	11,764077	11,284983	10,835527	10,413480	10,016803	9,643628
22	12,583170	12,041582	11,535196	11,061240	10,617191	10,200744	9,809796
23	12,875042	12,303379	11,770137	11,272187	10,806689	10,371059	9,962945
24	13,151699	12,550358	11,990739	11,469334	10,982967	10,528758	10,104097
25	13,413933	12,783356	12,197877	11,653583	11,146946	10,674776	10,234191
26	13,662495	13,003166	12,392373	11,825779	11,299485	10,809978	10,354093
27	13,898100	13,210534	12,574998	11,986709	11,441381	10,935165	10,464602
28	14,121422	13,406164	12,746477	12,137111	11,573378	11,051078	10,566453
29	14,333101	13,590721	12,907490	12,277674	11,696165	11,158406	10,660326
30	14,533745	13,764831	13,058676	12,409041	11,810386	11,257783	10,746844
31	14,723929	13,929086	13,200635	12,531814	11,916638	11,349799	10,826584
32	14,904198	14,084043	13,333929	12,646555	12,015478	11,434999	10,900078
33	15,075069	14,230230	13,459088	12,753790	12,107421	11,513888	10,967813
34	15,237033	14,368141	13,576609	12,854009	12,192950	11,586934	11,030243
35	15,390552	14,498246	13,686957	12,947672	12,272511	11,654568	11,087781
36	15,536068	14,620987	13,790570	13,035208	12,346522	11,717193	11,140812
37	15,673999	14,736780	13,887859	13,117017	12,415370	11,775179	11,189689
38	15,804738	14,846019	13,979210	13,193473	12,479414	11,828869	11,234736
39	15,928662	14,949075	14,064986	13,264928	12,538989	11,878582	11,276255
40	16,046125	15,046297	14,145527	13,331709	12,594409	11,924613	11,314520
41	16,157464	15,138016	14,221152	13,394120	12,645962	11,967235	11,349788
42	16,262999	15,224543	14,292161	13,452449	12,693918	12,006699	11,382293
43	16,363032	15,306173	14,358837	13,506962	12,738528	12,043240	11,412252
44	16,457851	15,383182	14,421443	13,557908	12,780026	12,077074	11,439864
45	16,547726	15,455832	14,480228	13,605522	12,818629	12,108402	11,465312
46	16,632915	15,524370	14,535426	13,650020	12,854539	12,137409	11,488767
47	16,713664	15,589028	14,587254	13,691608	12,887943	12,164267	11,510384
48	16,790203	15,650027	14,635919	13,730474	12,919017	12,189136	11,530308
49	16,862751	15,707572	14,681615	13,766799	12,947922	12,212163	11,548671
50	16,931518	15,761861	14,724521	13,800746	12,974812	12,233485	11,565595

Tabellenwerk Vervielfältiger, Tabelle B II

Barwert bei einem Jahresbetrag von 1,00 Euro bei folgenden Laufzeiten (Jahre) und Zinssätzen (%)

Jahre	5,50%	6,00%	6,50%	7,00%	7,50%	8,00%	8,50%
51	16,996699	15,813076	14,764808	13,832473	12,999825	12,253227	11,581194
52	17,058483	15,861393	14,802637	13,862124	13,023093	12,271506	11,595570
53	17,117045	15,906974	14,838157	13,889836	13,044737	12,288432	11,608821
54	17,172555	15,949976	14,871509	13,915735	13,064872	12,304103	11,621033
55	17,225170	15,990543	14,902825	13,939939	13,083602	12,318614	11,632288
56	17,275043	16,028814	14,932230	13,962560	13,101025	12,332050	11,642662
57	17,322316	16,064919	14,959840	13,983701	13,117233	12,344491	11,652223
58	17,367124	16,098980	14,985766	14,003458	13,132309	12,356010	11,661035
59	17,409596	16,131113	15,010109	14,021924	13,146334	12,366676	11,669157
60	17,449854	16,161428	15,032966	14,039181	13,159381	12,376552	11,676642
61	17,488013	16,190026	15,054428	14,055309	13,171517	12,385696	11,683541
62	17,524183	16,217006	15,074580	14,070383	13,182806	12,394163	11,689900
63	17,558468	16,242458	15,093503	14,084470	13,193308	12,402003	11,695760
64	17,590965	16,266470	15,111270	14,097635	13,203078	12,409262	11,701161
65	17,621767	16,289123	15,127953	14,109940	13,212165	12,415983	11,706140
66	17,650964	16,310493	15,143618	14,121439	13,220619	12,422207	11,710728
67	17,678639	16,330654	15,158327	14,132186	13,228483	12,427969	11,714956
68	17,704871	16,349673	15,172138	14,142230	13,235798	12,433305	11,718854
69	17,729736	16,367617	15,185106	14,151617	13,242603	12,438245	11,722446
70	17,753304	16,384544	15,197282	14,160389	13,248933	12,442820	11,725757
71	17,775644	16,400513	15,208716	14,168588	13,254821	12,447055	11,728808
72	17,796819	16,415578	15,219452	14,176251	13,260299	12,450977	11,731620
73	17,816890	16,429791	15,229532	14,183412	13,265394	12,454608	11,734212
74	17,835914	16,443199	15,238997	14,190104	13,270134	12,457971	11,736601
75	17,853947	16,455848	15,247885	14,196359	13,274543	12,461084	11,738803
76	17,871040	16,467781	15,256230	14,202205	13,278645	12,463967	11,740832
77	17,887242	16,479039	15,264065	14,207668	13,282460	12,466636	11,742702
78	17,902599	16,489659	15,271423	14,212774	13,286010	12,469107	11,744426
79	17,917155	16,499679	15,278331	14,217546	13,289311	12,471396	11,746015
80	17,930953	16,509131	15,284818	14,222005	13,292383	12,473514	11,747479
81	17,944031	16,518048	15,290909	14,226173	13,295240	12,475476	11,748829
82	17,956428	16,526460	15,296628	14,230069	13,297897	12,477293	11,750073
83	17,968178	16,534396	15,301998	14,233709	13,300370	12,478975	11,751219
84	17,979316	16,541883	15,307041	14,237111	13,302669	12,480532	11,752276
85	17,989873	16,548947	15,311775	14,240291	13,304809	12,481974	11,753249
86	17,999879	16,555610	15,316221	14,243262	13,306799	12,483310	11,754147
87	18,009364	16,561896	15,320395	14,246040	13,308650	12,484546	11,754974
88	18,018355	16,567827	15,324315	14,248635	13,310372	12,485691	11,755736
89	18,026876	16,573421	15,327995	14,251061	13,311974	12,486751	11,756439
90	18,034954	16,578699	15,331451	14,253328	13,313464	12,487732	11,757087
91	18,042610	16,583679	15,334696	14,255447	13,314851	12,488641	11,757684
92	18,049868	16,588376	15,337742	14,257427	13,316140	12,489482	11,758234
93	18,056747	16,592808	15,340603	14,259277	13,317340	12,490261	11,758741
94	18,063267	16,596988	15,343289	14,261007	13,318455	12,490983	11,759208
95	18,069447	16,600932	15,345812	14,262623	13,319493	12,491651	11,759639
96	18,075306	16,604653	15,348180	14,264134	13,320459	12,492269	11,760036
97	18,080858	16,608163	15,350404	14,265546	13,321357	12,492842	11,760402
98	18,086122	16,611475	15,352492	14,266865	13,322193	12,493372	11,760739
99	18,091111	16,614599	15,354452	14,268098	13,322970	12,493863	11,761050
100	18,095839	16,617546	15,356293	14,269251	13,323693	12,494318	11,761336

Checkliste von Objektunterlagen

(Bei Übergabe eines fertig gestellten Projektes an den Käufer)

Ablage-ordnung	zu übernehmende Unterlagen	an Abteilung	Art der Unterlage	liegt vor	wird nachgereicht	nicht erhältlich
A	Einheitswertbescheid					
	Berechnungsunterlagen zur Einheitswerterklärung					
	Kaufvertrag					
	Gestattungen					
	Mietverträge incl. aller Anlagen					
	Übergabeprotokolle der Mieteinheiten					
	Mieterlisten					
	aktuelle Umlagenberechnung					
	Stände von Zwischenzählern					
	Belegungsplan					
	Ausstattungsverzeichnis (Küchen)					
	Flächenberechnung Mieteinheiten					
	Grundbuchauszug					
	Auszug aus dem Baulastenverzeichnis					
	Abgabenbescheide					
	örtliche Verwaltung, Verträge					
	Wartungsverträge (Heizung, Lüftung etc.)					
	Vereinbarung mit Abrechnungsdienst (Heizung u. ä.)					
	Firmenlisten					
	Verträge mit Versorgungsunternehmen (Post, Kabel, ...)					
G	Versicherungspolicen					
H	Baubeschreibung					
	Baugenehmigung					
	Baugenehmigungspläne					
	Abnahmebescheinigung					
	sonstige behördliche Auflagen					
	TÜV-Berichte, Feuerwehr, VdS					
I	Statische Berechnungen					
	Statikpläne					
	Bestandspläne Architektur					
	Bestandspläne Heizung					
	Bestandspläne Lüftung					
	Bestandspläne Sanitär					
	Bestandspläne Elektro					
	Lageplan					
	Flurkarte					
	Katasterplan					
	Flächenberechnung / Kubaturberechnung (DIN 277)					
	Schließplan					
	Sicherungsschein					
	Prüfbücher (Aufzug u. ä.)					
	Handwerkerliste					

K	Gutachten					
	Ingenieurverträge					
	Abnahmen von technischen Einrichtungen					
	- Elektrische Lautsprecheranlagen					
	- Einbruchmeldeanlage					
	- Brandmeldeanlage					
	- Sprinkler-Anlage					
	- Tankanlage					
	- Abluft					
	- Notstrom					
	- Aufzüge					

L	GU-Verträge					

allgemein	Aussage zu Altlasten					
	Gewährleistungsansprüche incl. Bauverträge					
	Bürgschaften (Handwerk + Mieter)					
	Verträge mit Hausmeister					
	Lohnsteuerkarte und Versicherungsnachweis					
	Verträge mit Reinigungspersonal					
	Liste der Bewirtschaftungsgeräte					
	Zählernummern, Stand (Gas, Wasser, Strom)					
	Restbestand Heizöl (Verrechnung)					
	Grundstückseigentümererklärung für Telefon					

bei Wohnungseigentum zusätzlich:

	Teilungserklärung					
	Gemeinschaftsordnung					
	Verwaltervertrag					
	Protokoll der Beschlüsse (letzte 5 Jahre)					
	Abrechnung der Kosten vom Vorjahr					
	Wirtschaftsplan und lfd. Jahr					
	Bestandsübersicht der Rücklagen					
	Aufteilungspläne (nur bei größerem Gesamtanteil)					

8 Literaturverzeichnis

Abromeit-Kremser, B.

Offene Immobilieninvestmentfonds, Betriebswirtschaftliche Aspekte ihres Managements, Schriftenreihe des Instituts für Kredit- und Versicherungswirtschaft, Band 13, Wien: Fachverlag an der Wirtschaftsuniversität, 1986

Bone-Winkel, S.

Das strategische Management von offenen Immobilienfonds unter besonderer Berücksichtigung der Projektentwicklung, Band 1 der Schriften zur Immobilienökonomie, Köln: Rudolf Müller Verlag, 2000

Brauer, K. (Hrsg.)

Grundlagen der Immobilienwirtschaft, 2. Auflage, Wiesbaden: Gabler Verlag, 1999

Diederichs, C. J.

Führungswissen für Bau- und Immobilienfachleute, Berlin: Springer Verlag, 1999

Falk, B. (Hrsg.)

Gewerbe-Immobilien, 6. überarb. u. erw. Auflage, Landsberg / Lech: Verlag Moderne Industrie, 1994

Graaskamp, J. A.

The Development Process, in: Graaskamp on Real Estate herausgegeben von S. P. Jarchow, Washington D.C. (ULI), S. 225-303, 1991

Healey, P.

Models of the development process, in: Journal of Property Research, 8. Jahrgang, 1991

Isenhöfer, B.

Strategisches Management von Projektentwicklungsunternehmen, Band 8 der Schriften zur Immobilienökonomie, Köln: Rudolf Müller Verlag, 1999

Kemper

Kempers Index, Entwicklungstendenzen deutscher City-Immobilien, Düsseldorf: Kempers Informations-Dienstleistungen, 1993/94

Keogh, G.	Use and Investment Markets in British Real Estate Journal of Property Valuation and Investment, 12. Jahrgang, 1994
o.V.	Gabler Wirtschaftslexikon, 15. Auflage, Wiesbaden: Gabler Verlag, 2000
Pfnür, A.	Modernes Immobilienmanagement, Heidelberg: Springer Verlag, 2002
Rottke, N., Wernecke, M.	Management im Immobilienzyklus, in: Immobilienzeitung, Teil 1-16, 2001
Schulte, K.-W.	Wirtschaftlichkeitsrechnung, Heidelberg: Physica-Verlag, 1985
Schulte, K.-W., Bone-Winkel, S. (Hrsg.)	Handbuch der Immobilien-Projektentwicklung, Köln: Verlagsgesellschaft Rudolf Müller, 1996
Schulte, K.-W., Schäfers W., Thomas, M. (Hrsg.)	Handbuch Immobilien-Investition, Köln: Verlagsgesellschaft Rudolf Müller, 1998
Schulte, K.-W., Schäfers W. (Hrsg.)	Handbuch Corporate Real Estate Management, Köln: Verlagsgesellschaft Rudolf Müller, 1998
Vogels, M.	Grundstücks- und Gebäudebewertung marktgerecht, Wiesbaden: Bauverlag, 1991
White, Turner Jenyon Lincoln	Internationale Bewertungsverfahren für das Investment in Immobilien, Wiesbaden: IZ Immobilien Zeitung, 1999

Weitere Literatur

Braun, H.-P., Oesterle, E., Haller, P.	Facility Management: Erfolg in der Immobilienbewirtschaftung, Berlin: 1996
Brown, R. K., Arnold, A. L.	Managing Corporate Real Estate, John Wiley & Sons Inc., Canada
Brunner, Marlies	Immobilieninvestment: Produkte, Märkte, Strategien, 2. Auflage, Wiesbaden: Gabler Verlag, 1997
Diederichs, C. J.	Grundlagen der Projektentwicklung, Bauwirtschaft 48, Jahrgang 1994, Heft 11, 12 und Bauwirtschaft 49, Jahrgang 1995, Heft 1 und 2
Heiermann, W., Riedl, R., Rusam, M.	Handkommentar zur VOB, Teile A und B, 6. Auflage, Wiesbaden: Bauverlag, 1992
Herrmann, R.	Handbuch Immobilien-Investitionen in den USA, Köln: Verlag Dr. Otto Schmidt, 1992
Hummel, D.	Studie: Zur Prognose regionaler Immobilienmärkte – eine empirische Analyse des Zusammenhangs zur Konjunkturentwicklung, ISBN 1433-1039, Universität Potsdam, 2000
Kammermeier, E.	Der Plan von der Stadt, Projektentwicklung und strategisches Marketing von Immobilien, Köln: Immobilien Informationsverlag Rudolf Müller, 2000
Locher, H., Koeble, W., Frick W.	Kommentar zur HOAI, Düsseldorf: Werner Verlag, 8. Auflage, Düsseldorf: Werner, 2002
Loipfinger, S., Nickl, L., Richter, U.	Geschlossene Immobilienfonds, Stuttgart: Deutscher Sparkassen Verlag GmbH, 1997

Miles, M. E., Bereus, G., Weiss, M. A.	Real Estate Development Principles and Process, ULI – The Urban Land Institute Catalogue Number: R34, International Standard Book Number: 0-87420-825-4
Opitz, G.	Geschlossene Immobilienfonds, Freiburg i. Br.: Rudolf Hauffe Verlag, 1995
Retter, J.	Projektentwicklung Immobilien-Handbuch Wirtschaft, Recht, Bewertung, Stuttgart/Berlin: B. Falk (Kohlhammer), 1985
Ross, F. W., Brachmann, R., Holzner, P.	Ermittlung des Bauwertes von Gebäuden und des Verkehrswertes von Grundstücken, 28. Auflage, Hannover: Theodor Oppermann Verlag, 1997
Steiner, C.	Immobilienfinanzierung in den Ländern der EU, Taschenbücher für Geld, Bank und Börse, Frankfurt/M.: Fritz Knapp Verlag, Band 100
Thomas, M.	Immobilienwertbegriffe in Deutschland und Großbritannien, in: Die Bank 9/95, S. 263-268
Volhard, R., Weber, D., Usinger, W.	Real Property in Germany, Legal and Tax Aspects of Development and Investment, Frankfurt/M.: Fritz Knapp Verlag, 5. Auflage, 1998

9 Stichwortverzeichnis

Teubner Lehrbücher: einfach clever

Hoffmann/Kremer
Zahlentafeln für den Baubetrieb

6., vollst. aktual. Aufl. 2002.
889 S. mit 637 Abb. u. 62 Beisp.
Geb. € 59,90
ISBN 3-519-55220-5

Bernd Kochendörfer,
Jens Liebchen, Markus
Viering
Bau-Projekt-Management

2. Aufl. 2004. XVII, 242 S. Br. ca. € 26,90
ISBN 3-519-15058-1

Reinhard Kulick
Auslandsbau

2003. 235 S. mit 103 Abb. Br. € 26,90
ISBN 3-519-00422-4

Egon Leimböck,
Andreas Iding
Bauwirtschaft

2., vollst. überarb. u. aktual. Aufl. 2005.
399 S. mit 159 Abb. Geb. € 36,90
ISBN3-519-15086-7

Stand Januar 2005.
Änderungen vorbehalten.
Erhältlich im Buchhandel
oder beim Verlag.

B. G. Teubner Verlag
Abraham-Lincoln-Straße 46
65189 Wiesbaden
Fax 0611.7878-400
Teubner www.teubner.de

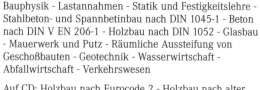

Teubner Lehrbücher: einfach clever

Otto W. Wetzell (Hrsg.)

**Wendehorst
Bautechnische
Zahlentafeln**

31., vollst. überarb. u.
aktual. Aufl. 2004.
1.440 S. Geb. mit
CD-ROM € 49,90
ISBN 3-519-55002-4

Inhalt: Mathematik - Bauzeichnungen - Vermessung -
Bauphysik - Lastannahmen - Statik und Festigkeitslehre -
Stahlbeton- und Spannbetonbau nach DIN 1045-1 - Beton
nach DIN V EN 206-1 - Holzbau nach DIN 1052 - Glasbau
- Mauerwerk und Putz - Räumliche Aussteifung von
Geschoßbauten - Geotechnik - Wasserwirtschaft -
Abfallwirtschaft - Verkehrswesen

Auf CD: Holzbau nach Eurocode 2 - Holzbau nach alter
DIN 1052 - Thermplan (Demo-Version) - TRLAST -
HydroDIM - Beispiele zur Statik und Festigkeitslehre -
Statik und FEM - Programme von CSI (Demoversionen)

*„...Dieses Standardwerk bautechnischer Informationen gehört
zu der Grundausstattung der Bibliotheken von Architekten und
Ingenieuren."*
        Bund Deutscher Baumeister, Landesspiegel Hessen.

Jetzt mit neuer DIN 1052 für den Holzbau, neuer
DIN 1053-100 für den Mauerwerksbau und neuer
DIN 1054 im Abschnitt Geotechnik.

Der Wendehorst, seit 70 Jahren unentbehrliches
Standardwerk für die Bautechnik wurde für die 31.
Auflage vollständig überarbeitet und aktualisiert. Der
Abschnitt Stahlbeton- und Spannbetonbau wurde durch
die Einarbeitung des Heftes 525 des DAfStB ergänzt. Der
Abschnitt Statik und Festigkeitslehre wurde vollständig
überarbeitet und ist damit deutlich verständlicher als bis-
her. Neu hinzugekommen sind unter anderem:
Erdbebensicheres Bauen im Abschnitt Lastannahmen und
Geotechnische Vermessungssysteme im Abschnitt
Vermessung.

Eine wichtige Ergänzung zu den Bautechnischen
Zahlentafeln ist das Werk: Wendehorst. Beispiele aus der
Baupraxis, in dem zahlreiche Beispiele die Anwendung
der Normen und Formeln erklären.

Damit bilden diese beiden Werke zusammen eine wichtige Ergänzung in Studium und Praxis.

Stand Januar 2005.
Änderungen vorbehalten.
Erhältlich im Buchhandel
oder beim Verlag.

B. G. Teubner Verlag
Abraham-Lincoln-Straße 46
65189 Wiesbaden
Fax 0611.7878-400
www.teubner.de